LUMINAIRE

光启

守望思想　逐光启航

重复的新鲜

滨田庄司山中做陶记

[美] 苏珊·彼得森 (Susan Peterson) 著

彭程 译

上海人民出版社　光启书局
LUMINAIRE BOOKS

目录

本书讲述了日本杰出的陶艺家滨田庄司的制陶之道与陶艺作品，

他的一生都致力于贯彻并达成那些隽永且普适的根本价值与理想。

滨田庄司

1894—1978

滨田在中式栗木手动陶轮上扶正陶泥。

滨田庄司和伯纳德·里奇出席美国手工艺协会（American Craft Council）于1970年在都柏林举办的世界手工艺大会（World Craft Congress）。他们二位荣获首批联合国教科文组织奖，以表彰他们对陶瓷艺术的贡献。

序言

　　这本近距离讲述滨田庄司的著作满怀温情。苏珊·彼得森与滨田相识已有二十余年，作为一名陶艺教师与艺术家，作者深悉其写作对象。为了筹备此书的内容，她在滨田位于益子的家和工作坊驻留了四个月。

　　在我的所有相识中，无人能够媲美滨田在心灵、头脑与双手三种造诣间的平衡。在苏珊·彼得森的书中，我得以再一次注视滨田做陶的双手，用毛笔在陶坯上绘画的灵动，以及他如何朝朝暮暮、积年累月地用心组织自己的诸多事务。他从不动怒、和颜爱语，因此备受众人爱戴。

　　我最初结识滨田是通过一封他从京都寄来的信。那是1918年初，我住在柳宗悦位于东京以东四十公里我孙子市的乡间住宅。来信的英文不错，直白、不做作，不过书法更胜一筹。信中的年轻人说，他本想成为一名画家，但是看了富本宪吉和我的陶艺作品后变了主意。他说他在京都市陶瓷器试验场工作，希望能够前来拜访。

　　他一来，我们就不停歇地聊了两天。我们的对话日文与英文参半，至今如此。他是我认识的第一位熟知陶瓷化学与技术的人，而我对此了解甚少。我的经验更多在于实践和艺术创作。我们随即结为朋友。我当时正计划在一两年后返回英格兰，于是他不久之后就问我，是否有可能到英国做我的助手。最终，那些邀请我到康沃尔郡（Cornwall）设立陶艺工作室的慷慨之人促成了这桩事。

　　在与滨田半个世纪的友情往来中，我记不起半点争执或不快。事实上，滨田不止一次提到，他从未后悔来到圣艾夫斯（St Ives），帮我在我的祖国设立陶艺工坊，而且一待就是三年。这让我感到由衷的喜悦。

II.

　　我与滨田相识并结下友谊后所产生的结果，虽然是个意外的巧合，但影响深远。事后看来，这是命中注定的缘分，不仅牵连着我们两个人，更有许多其他人的参与。其中最重要的自然是柳宗悦，正是这位哲人为整个民艺运动增添了一抹佛教美学的色彩。

　　在过去的五十年中，我们大半时间在四处云游、演讲、写作、示范、展出，内在价值的互通在世界各地激起涟漪，终成正果。能够在特定的语境中阅读并验证自己经历过的事情，令人愉悦；而更让人欣喜的是，经由他人的视角延伸已有的感知，阅读本书正是如此。

　　本书不仅生动地展现了静谧的人际关系，也描绘了滨田庄司人格的完整性。他丰满的人格与周遭的世界和谐相融，跨过农田延伸至益子的后山，也就是陶泥本身——这里的陶泥含沙量并不高，但是仍具有一定的颗粒度，在指间形成了独特的可塑性。滨田平易近人，乐于言笑，既温和又直率，很好相处。苏珊敏锐地捕捉并传达了这些特质。

　　家是滨田的中心。如果没有妻子相伴，他的生活不知道会怎样。我初见滨田夫人的时候，她还年轻。我跟滨田说，她看起来像是 7 世纪推古天皇时期那些柔美的造像。我记得滨田在 1923 年即将从圣艾夫斯返回日本之际曾说，他并不抵触日本的传统婚姻。他知道他想娶什么样的女孩子，但他也相信，父母会明智地为他挑选妻子。事实正是如此。滨田夫人一生都杰出地辅助他的工作，后来还与滨田一同出访世界各地。女儿滨田比佐子去年成婚，婚前在旧金山完成学业，在那里她得到了苏珊·彼得森的慷慨相助，学着用英文流畅地沟通，学习纺织，并且帮助父亲接待访客、处理英文信函。

　　苏珊近距离观察并描写了滨田团队中的每一个人怎样为完成整个制陶过程贡献一己之力。例如，晋作负责记账，不太参与访客接待，他的拉坯技术精湛，是父亲在工坊的左膀右臂。

　　滨田的第三个儿子笃哉同我在圣艾夫斯驻留了两年，他擅长语言，英文书写和口语都出奇地道。他同样擅长拉坯，但是他对植物的热爱让人不禁好奇他为何不以此为志业。不过，他的的确确是个很优秀的陶人。

　　滨田那幢地势较高的宅子简直就是座博物馆，他挑选藏品的慧眼与柳宗悦不相上下。在向苏珊展示他的手工艺藏品时，滨田提及日本对朝鲜民用汤碗和饭碗的推崇，以及日本的茶道大家如何从中提炼出极致的生活之道——茶道。不过滨田指出，他做陶的心得却是，不要想着自己要做一个茶碗，就把自己当作朴素的朝鲜农人。苏珊记录了滨田援引柳宗悦归纳的五种上等茶碗的历史来源，以及他如何犀利地总结了自己会给什么样的人点茶，又不会给什么样的人点茶。滨田似乎希望苏珊在撰写此书时，不要仅关注东方，而忽略了西方古老传统对其产生的影响。他希望苏珊阐明，他对茶道深奥的思想，以及当前茶道的重要人物柳宗悦所整体倡导的佛教哲学，都心怀敬意。对于西方陶器，滨田最为欣赏中世纪英格兰器皿。

　　除了对益子的观察，我很高兴苏珊也描述了1963年滨田在美国南加州大学工作坊教学的情景。陶土和釉料配制尽可能接近他在日本惯用的材料，更重要的是，在次子晋作的协助下，他向机械化社会背景的美国学生展示了职业手作陶人的专注。他告诉学生，这是长时间重复、用心的工作，不会导致工业所带来的枯燥乏味。单单这场演示就足以让本书值得一读，因为它代表了好的陶艺之精髓。

伯纳德·里奇

圣艾夫斯，康沃尔郡，1973

滨田在烧制好的炻器上绘制釉上彩，釉面为透明釉和柿色釉。滨田事先会计划好釉上彩的位置，在留白的地方上透明釉。釉上彩的烧制温度是约 704℃。

1　我在东山庄旅店的房间。1970 年的秋天，我在滨田的院落里度过悠长的一天，
　　晚上回到这里睡觉、写作。

2　1975 年，滨田陶坊的陶工们聚在一起，围观我带给他们的成书。

致谢

能够有幸结识滨田庄司并了解他的工作方法和陶艺作品，我的感激之情难以言表。从我们相识那天起，他便孜孜不倦、亲力亲为地向我传道解惑。我非常感谢这二十四年来我们在日本和美国的互通，尤其是1970年秋天在益子的那四个月，让我能够通过每日观察，为本书的写作进行记录和拍摄。在那个忙碌的秋天，滨田一家人给予的帮助与款待令我感动不已，其中包括滨田先生、滨田太太、晋作和他的妻子辉子（音）及儿子友绪和佑一（音），还有笃哉和比佐子。我希望能够对这充满温情的友谊表示由衷的感激。

同样需要感谢在滨田家和陶坊工作的人，尤其是冈、篠崎和正夫，以及益子村默默鼓励我的人们。滨田建议我采访一些益子的陶工，谈谈他们在滨田的生活中所扮演的角色，感谢他们把时间慷慨地留给了我，特别是岛冈达三、佐久间藤太郎和见目喜一郎（音）。我还要感谢栃木县益子烧协同组合的工作人员及其创始人塚本先生所提供的宝贵信息，宇都宫市的藏家及餐厅主理人加藤荣志（音）先生，我在益子东山庄旅馆的"家人"们，以及在日本各地为我提供了许多帮助的朋友、相识以及博物馆人士。

我特别要感谢如今人在印度南部本地治里（Pondicherry）的德博拉·史密斯。在我来到益子前，她已向我提供了多年的帮助，花费大量时间将关于滨田的日语文章等译成英文，为一些采访担任口译——滨田称赞她已经是半个日本人了——以及拍摄黑白照片。我还要感谢美国驻神户领事馆顾问植田健介（音）先生与冈山的本乡健（音）先生，他们帮助安排德博拉和我拜访日本其他与滨田相关的地方及人士。

VIII.

- 感谢罗伯特·马克斯·柯洛尼博士，没有他的帮助，本书无法完成。

- 感谢伯纳德·里奇为本书撰写序言，以及他和妻子珍妮特在许多方面孜孜不倦的协助。

- 感谢我的家人与父母——保罗·哈恩里博士与太太，还有我的孩子吉尔、扬和塔格·彼得森耐心的帮助与建议。

- 感谢我在南加州大学、艾迪怀德音乐与艺术学校（Idyllwild School of Music and Art）以及亨特学院（Hunter College）的学生与同事。

- 感谢我最初的编辑金·舒弗坦、东京讲谈社国际部创始总监信木三郎、讲谈社国际销售经理铃木圭、讲谈社纽约办公室总监崎山克彦，感谢他们的帮助与聪明才智。

- 感谢所有阅读了手稿并给予帮助的人，特别感谢玛格瑞特·柯特妮和玛格丽特·唐尼什博士的热忱和严谨分析；感谢古斯塔夫伯格陶瓷厂（Gustavsbergs Fabriker）的阿瑟·豪德博士提供的几张照片，其中有滨田太太那张可爱的肖像；感谢米妮·涅格罗的几处特别指点；感谢丹和莉莉安·罗德、邦正美（音）、乔安和马尔科姆·瓦金斯的鼓励。

- 感谢《手工艺视线》（Craft Horizon）杂志编辑萝丝·斯利弗卡、美国手工艺协会董事会主席艾莲·O.韦伯以及会长唐纳德·韦科夫博士，我对他们不懈的帮助和建议深表感激。我还要感谢纽约市当代手工艺博物馆（Museum of Contemporary Craft, NYC）的馆长保罗·史密斯，他举办了滨田的展览，并为本书的出版举办酒会；而在西海岸的洛杉矶手工艺与民艺博物馆（Museum of Craft and Folk Art, Los Angeles）的埃迪斯·维里及工作人员也为本书举办了滨田的展览和开幕酒会。

- 感谢琳达·兰伯特愿意出版这本关于滨田的书的修订版，感谢A&C布莱克（A&C Black）出版社的米歇尔·提尔南的努力编校与新增内容；感谢佩妮和托尼·米尔斯杰出的设计。
（2004年修订版）

● 我要再次感谢金桥陶艺工坊（Golden Bridge Pottery）的德博拉·史密斯和雷·米克尔帮我回忆起 1970 年的秋天，以及我的家人、朋友、同事们，让我在停止教书后的活动与旅行中仍旧快乐而充实。

历次回访益子，都再度加深了我对所有人的感谢，感谢他们从 1970 年起便协助我完成此书。

苏珊·哈恩里·彼得森

纽约，1974，2004

遗泽

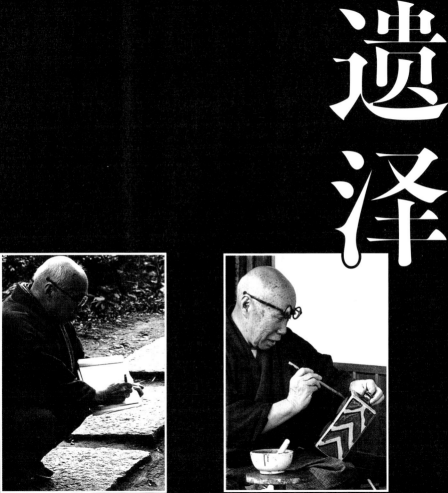

1

2

1　滨田代表性的陶瓶，模具成型，米糠灰釉，使用长柄勺淋洒黑釉图案。

2　滨田的釉上彩陶瓶。

　　滨田庄司是当代日本最著名的陶艺家，也是 20 世纪屈指可数的几位具有世界影响力的陶艺家之一。他和英国陶艺家伯纳德·里奇常被相提并论，这位滨田的挚友及工作伙伴被称为"工作室陶艺之父"。在 20 世纪 20 年代初期，滨田和里奇共同构想出一种观念，即陶艺家在自己的工坊中独自或与学徒、雇工一同手工制陶，这在当时是相当新颖的。在同时期的英格兰，威廉·莫里斯（William Morris）的理念正在重振手工艺，使其成为一种与工业革命相对立的、独立的行业。因此，在世界范围内，工作室陶艺已是蓄势待发。东方的滨田和西方的里奇试图效法非科班出身的农人对实用手工艺品的投入，并影响了一代又一代陶瓷艺术家的生活与创作方式。

　　伯纳德·里奇生于中国，父母都是英国人。当他决定学习日本名家尾形乾山[1]的陶艺时，已经是个颇有成就的版画家。里奇稍年长于滨田，在他们相识的时候，里奇已经以陶艺家的身份展出自己的作品了。滨田告诉我，他曾把脸贴在一场伯纳德·里奇陶艺展的橱窗玻璃上，于是被邀请进入。他笑称他们滔滔不绝地畅谈了三天。1920 年，他们环游世界，去往英格兰，里奇希望在那里找到陶土并创立自己的陶艺工坊。滨田庄司毕业于东京的一所工科院校，主修化学与地质学，曾在京都市立陶瓷器试验场工作。因此，他比里奇更懂得陶艺工作室的配置，于是在康沃尔郡圣艾夫斯协助里奇，驻留了三年。两人分别在陶艺中找到了属于自己的生活之道，而正是从英国乡间的奶酪师、鞋匠、木工那里，滨田学到了用手劳作的价值。在英格兰，滨田也结识了以手工艺进行创作的艺术家，例如著名的纺织艺术家埃塞尔·梅雷（Ethel Mairet）和雕塑家埃里克·吉尔（Eric Gill）。滨田深受明治日本阶级意识的影响，但他对朴素的民间手工艺和知识分子化的手工艺都全心接纳，并从中汲取养分。

1　尾形乾山（1663—1743）：江户时代陶艺家、画师，生于京都，著名琳派画家尾形光琳之弟，其陶艺作品以笔法自如的花鸟装饰著称。——译者注。本书如无特别说明，均为译者注。

　　滨田庄司的另一位人生挚友是著名陶艺家河井宽次郎，他们在京都工作时相识。滨田从英格兰返日后在河井家住了几个月。他们共同结识了柳宗悦——禅学大师铃木大拙的门生，并被他主张的思想所深深吸引。柳宗悦发展出了一套佛教美学，在其写作中描绘一种独特的美。当他在民艺中发现了这种美后，分析了"无名手工艺者"的重要性，即没有受过正规训练的人，每天重复相似却不尽相同的手作劳动，直至技艺由心而生。因为在日文中找不到合适的词语传递这种精神，滨田庄司、河井宽次郎与柳宗悦遂创造了"民艺"这一概念。他们试图用这个词指代由心而生，而非由智而生的手工艺品，正如那些无名的手工艺者所为。随着时代的发展，民艺不再是一种哲学，更多地成为一种风格和潮流，因此背负了并非源于创始者本意的、具有争议的内涵。

　　滨田庄司选择在东京北部山谷中的益子村创建自己的陶艺工坊。他儿时记忆中的一把绘有树景山色的茶壶正是出于此地。益子并非古窑口，但也有四百年的日用制陶历史，这刚好符合滨田的理想。他在不同的制陶工坊工作了几年，才攒够钱购买建立自己的工坊院落所需的土地和建筑。

　　1926年，柳宗悦、河井宽次郎与滨田庄司隐居至一座山间寺院，并在那里决定创立日本民艺协会，以此推动民艺理念的发展。三人而后在东京创建了日本民艺馆，展出滨田和柳宗悦的众多民间手工艺藏品。很快，冈山县仓敷市及日本各地，甚至冲绳岛都开设了民艺馆。这些民艺馆以及滨田庄司和伯纳德·里奇的影响，在全球范围内唤起了对民间手工艺的热爱，时至今日仍生生不息。柳宗悦则著书立说，在工业化的社会背景之下，将"美"作为作品是否成立的先决条件。

　　滨田庄司与伯纳德·里奇这一传奇组合迅速扬名世界。1952年，我邀请滨田、里奇和柳宗悦到洛杉矶邱纳德艺术学院（Chouinard Art Institute）开展了为期三周的演示与讲座课程，而对滨田和里奇的作品

滨田的双手。

及生活方式的认可，当时还远不及如今深刻。在那次工作坊后，我们又多次跨洋相会。有次滨田来访时，他邀请我写一本关于他的生活及工作的书。

1970年，我前往益子为本书的撰写进行文字和图片记录。与他同住在陶坊的家人，包括滨田太太、次子晋作和三子笃哉、次女比佐子，以及工坊和农庄的工人，都对我慷慨相助。我曾经的陶艺学生德博拉·史密斯（Deborah Smith）会讲流利的日语，便前来帮我翻译，协助访谈。滨田不想让我录音，所以我白天时常会停下来记录所见所闻，晚上再和德博拉一起完成注释。我手中的相机会不停打断他的思绪，这是他为本书出版做出的一大牺牲。回头看来，滨田为了接待我们，的确费了不少周折。

滨田庄司是位聪慧、敏锐且坚韧的陶艺家，他浑身充满干劲，能够同时安排很多事情。他对陶坊工作的组织安排五十年如一日，整套运转模式深刻在每一个人心中，无须滨田发号施令，即可平静、永续地开展下去。陶坊大约每六周会装满一个五室柴窑，双室盐烧窑一年烧五到六次，一个月烧几次釉上彩，还有一个八室的大窑一年烧两次。

我在益子的每一天，从清晨到深夜都有新的故事展开。滨田当然对我还不知晓的事情了然于心，所以我必须日复一日地观察，才能理解整个陶坊的体系和他的陶艺之道。为此，他先让我和德博拉在日本游览了数周，拜访他希望我们参观的陶艺工坊和博物馆，这样我才能为驻留益子做好准备。

我们决定本书所涵盖的内容始于我们在1952年的相识，通过二十年来在日本和美国的相互拜访，成就了今日的益子之行。滨田曾邀请德博拉翻译他关于自己的生平、工作和哲思的文章。日本以外的世界并不知晓滨田用日文撰写了多部书籍和文章。事实上，在1970年都柏林世界手工艺大会上，滨田曾对观众说，他做陶而不写作，他把写作留给伯纳德·里奇。我把德博拉翻译的滨田著作拿给在圣艾夫斯的伯纳德及其妻子珍妮特，因为滨田这些优美的文章写于与我相识前，不会用于本书的撰写。我和珍妮特说服伯纳德，以这些翻译和他自己强大的记忆力为素材，写下了传记《滨田》（*Hamada*），并和本书的初版一样，由讲谈社国际部发行。

1975年1月，我带着本书初版拜访滨田，那时他正因病在宇都宫市住院治疗。病房很小，但床尾放着他最喜欢的一幅伯纳德·里奇的画作。滨田太太每天为滨田带来家里的饭菜，在医院陪着他。虽然他平躺在病床上，但还是拿着书轻轻翻阅，微笑着说"谢谢"。滨田通过这本书让世界认识自己，他的直觉告诉他，他的陶艺之道是独特的，而其中的精神对所有陶艺家而言，又是不言而喻的。

在滨田去世前，我又几次拜访益子。他在自家院落监督修建了个人纪念馆，使用冲绳风石材建造，最前方则是他从别处移来的最后一座老门房。纪念馆常设他的作品回顾展，并举办世界各地民艺的特展。在滨田正式揭幕纪念馆的时候，我还遇见了美国驻日本大使、尊敬的迈克·曼斯菲尔德（Mike Mansfield）先生。滨田忙前忙后，并指出他最心仪的几件藏品。女佣们穿着传统的农裤，在仪式前最后一刻扫净石阶上的落叶。县政府会将滨田的院落作为纪念场所保存维护，并依照其意愿，保管他的大量藏品。

滨田每次住院康复后都会继续做陶。我见过他最后烧制的一些作品。这些陶器似乎愈发强劲、生机益然，手绘笔法健朗，淋釉流畅，真实而生动地凝萃了他活跃的一生。

滨田庄司于1978年去世，次年伯纳德·里奇离世，被他们二人推崇为真正的民艺家的美国印第安陶人玛丽亚·马丁内斯（Maria Martinez）则于1980年去世。他们的生命都献给了他人难以企及的价值与理想，他

滨田去世前监督建造了自己的永久纪念馆，使用益子产石料，依据冲绳风格建造，门房是他迁至此地的十幢老房子中的最后一幢。纪念馆展出他的作品回顾，以及他所收藏的世界各地的民艺，透过大门可以看见其中一些展品。

们为我们指明了道路，而这条道路也由于我们许多人的追随而日渐明朗。

益子因陶艺和滨田庄司而出名。四十年前，当我初来益子时，只有一条主要的土路和几条小岔路，如今这里已经延展出了更多的街道。村里的传统陶人已经所剩无几，民间工厂用机器批量生产看起来像手工拉坯的器皿，陶艺家们则因源源不断的游客和藏家纷纷迁窑至此。曾经街头巷尾都是如诗如画的木房、售卖陶瓷、五金工具、杂货或者服装等，如今这些老店都被现代的水泥和玻璃建筑取代，变成了当代艺术画廊。除了几家店仍展售传统益子陶瓷，其余都转而出售雕塑或者类似那种在国外陶艺杂志上出现的作品。

滨田的儿子晋作继承了陶坊，并将父亲的五室窑和家宅连同内部装潢，都从原本的院落迁至政府在俯瞰主街的山丘上新建立的市立博

1

2

1　滨田在收藏馆中打开盒子向来访者展示他收藏的陶器。收藏馆冬天非常寒冷，没有集中供暖，偶尔用炭火取暖。

2　滨田经常受邀在特制的纸张上为来访者用毛笔题字。

滨田去世后，妻子在家中安置的壁龛。

物馆。晋作也迁出了父亲原本为他盖的房子，并在父宅的旧地上新建了房屋和陶窑。滨田的邻居、朋友及工作伙伴岛冈达三扩建了自己的院落，每年接收国际学徒。岛冈最近受封重要非物质文化遗产民艺陶瓷保持者，也就是"人间国宝"，比滨田晚了大概二十年获此殊荣。

　　德博拉·史密斯在 1970 年给了我极大的帮助，当年 12 月，她与我同时离开日本，前往印度南部。她想在位于本地治里的斯瑞·阿罗频多修道院（Sri Aurobindo Ashram）住一段时间，那里因这位大师的著作和当地的传统工艺品——尤其是手工纸——而闻名。我的另一位有建筑相关背景的陶艺学生雷·米克尔（Ray Meeker）也来到这里，在过去的三十二年中，他们二人共同修建并经营着一个独特的炻器陶艺工坊。雷的广博和德博拉对细节的关注相得益彰，让他们的作品有了一种独特的表达，传递着德博拉在滨田的院落中所感受到的制陶的精神

1

2

1　滨田庄司制作的茶碗，赭色化妆土，米糠灰釉，含铁颜料描绘甘蔗图样。

2　滨田的釉上彩炻器，于 1974 年前后创作。

与实践。如今，他们雇用了十五名泰米尔（Tamil）工匠为印度、尼泊尔和其他世界各地的来访者制作手工拉坯餐具，他们使用当地的材料，自制竹节把手，使用木头和油烧制，德博拉亲自绘制每一件作品。他们的作品在南亚收获了应得的名望。他们每年招收几名学生，至今已有百人。这些学徒进而在印度建立了许多制陶工坊或艺术陶瓷工作室。金桥陶坊的一切都明示着滨田哲学的核心，并承载着他的遗泽。

近年来举办的几场重要回顾展、新出版的图录，以及许多文章的发表，都重新唤醒了滨田庄司的传奇。博物馆和藏家纷纷垂涎滨田的陶器，以至于在日本都一物难求，欧美的艺廊和拍卖行也趋之若鹜。滨田的作品主要藏于仓敷市大原美术馆、益子陶艺美术馆和滨田庄司个人纪念馆，除此之外，檀香山艺术博物院、洛杉矶县立艺术博物馆、圣地亚哥民艺馆、布鲁克林艺术博物馆以及华盛顿弗瑞尔美术馆也都有滨田庄司的常设展览。

滨田的一生都致力于贯彻并达成那些隽永且普适的根本价值与理想。许多陶瓷从业者和学生都在跟随他的脚步，有些人并不知晓他是那个领路的人，有些人仍在探索他已验证的路径。因为滨田的一生都渴望并致力于明示他的陶艺之道，众人不难上路，但极少有人能够如此彻底地实践与贯彻。滨田的遗泽如今体现在他的陶器作品之中，但更重要的是，潜藏在他那些无形的信仰之中。

我和滨田自 1952 年相识便关系融洽，许多事情不言自明、心有灵犀。这里我必须要讲最后一个故事。1970 年 12 月底的一天，我就要离开东京，那天我坐在三越艺廊的展厅，希望和滨田最后再碰一次面。我看着他整天忙着从一摞盒子中给不同的客人拿礼物，每个盒子里都是精湛的陶器，盒子上是他的毛笔字和印章。

我暗自期许自己也会得到一个盒子。终于，他领我去了餐厅，我们在铺着亚麻桌布的西式餐桌前坐下，桌上摆放着银质餐具和水晶杯。我们点了草莓冰激凌和浓缩咖啡，不过在那之前，他盯着我的眼睛

1

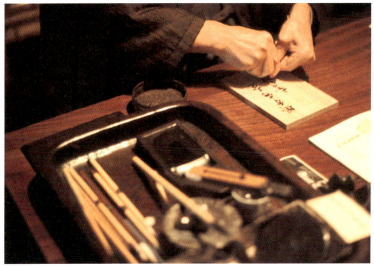

2

1　滨田一边和客人说笑，一边在给他们的陶器的盒子上署名。

2　滨田在一件重要陶器作品的盒盖上题字、印章。

说："你有我。"（"You have me."）我目瞪口呆。他自然知道我垂涎于一个装着陶器的礼盒，但是他不打算这么做。我拥有了比一件陶器更宝贵的东西，因为他对我倾囊相授。

滨田知道，在他离世之后，日本和世界都会发生巨变。他想要保存一些传统的形态、他的生活之道以及他的陶艺作品。他向博物馆捐赠那些在他"洞察的双眼"下诞生的作品，在日本及国外举办讲座，写作，不惧劳累地举办展览，还要为了这本书的出版忍受我的相机快门和滔滔不绝的问题。他每月从益子去东京给裕仁天皇教授民艺课程。他在陶坊也会抽出时间与访客交流，并且前往世界各地向同行和追随者演示工艺。他的陶器承载着他所见的真理，并身体力行地为我们指引着一条生活与工作相融一体的路径——每个细节都构成着一个完整的统一。出乎意料的是，他的授业在今天，比他在世时，更加鲜活、深刻。

苏珊·哈恩里·彼得森

凯尔福利，亚利桑那，2004

制陶之境

1

2

1　益子山谷因频繁烧柴窑而烟雾缭绕。

2　从滨田院落对面的农田拍摄的远景，1970 年。

1970 年 10 月一个清凛爽朗的秋日，我来到距离东京以北一百六十公里的栃木县益子町。这座位于下野平原东沿的村子，便是滨田庄司所居之处。我从火车站攀行了三公里，穿过县城，抵达山脚下他的房子。转身回望，稻田与县城远处是绵延的山谷，村落中袅袅升起烧窑的柴烟。山间挂着薄雾，红黄相间的秋色点缀着灰蒙蒙的青绿山峦。

上次拜访益子是八年前，那时街道还未铺整。我和滨田初次见面，是他 1952 年首次赴美，真是时光荏苒。当时同行者还有他的英国友人、欧洲首屈一指的陶艺家伯纳德·里奇，以及滨田的好友柳宗悦——日本民艺运动的发起人。我那时在邱纳德艺术学院任教，他们计划在这里开展为期三周的工作坊，并在洛杉矶和周边的院校进行示范与演讲，而后继续游历美国。自那以后，我们的轨迹在东西方都常有交汇，其中一次是 1967 年，滨田提议说，虽然他自己不擅文字，但或许是时候写一写他的作品与创作了。三年后的今天，面对这份挑战，我既感到圆满，又有些踌躇。

眼前是白色泥灰粉刷的门房，两侧的树木修剪成了圆硕的造型。门房的另一边，便是滨田的院落和他工作的地方。大木门上了闩。记得滨田曾对我说，他想在这里写条谢绝来客的标语："昨日，此处无我；今日，我在别处；明日，我将行离。"不过我知道，他只会因为很重要的原因才拒绝访客，他认为应该为访客带来意料之外的收获。但是今天，大门紧锁想必是为了能把时间留给我。我晓得通往工坊的另一条路，便走上了大门右侧的小径。

滨田穿着木屐摇摇晃晃，双手相合收在和服的袖笼里，目光闪烁，等候着我们的会面。他看见我时微微鞠躬，样貌就像日本的乡村，如田间金褐色的稻草般温和、浓绿的茶树丛般老练，又如临畔灰蓝色的鳟鱼塘那样深藏不露。他穿着一件珍爱的旧和服外褂，数年前出自一位友人之手；下身穿着传统的宽松农裤，腰间系带，裤脚收紧。

滨田只有后颈处还有几须灰发，那副上乘的朝鲜玳瑁眼镜和他浑

1

2

1 滨田院落入口处的门房。

2 滨田喜欢在欧式房间里招待外国访客，墙上挂着著名艺术家及好友栋方志功的彩色版画。

圆的光头相得益彰。他的身体已经发福，却仍旧敏捷，我知道他可以从盘腿的坐姿瞬间起身，跑到工作台的另一边拿起一个工具，然后飞快回坐到转盘边。但是最引人注意的，仍是他宽厚的笑容和充满灵气的双眼。不过随着我们相识愈久，他休息时的样子反而深植我心，因为只有在这种安静的时刻，你才能感受到他的存在中那种无法言说却令人难忘的专注。他宽阔的手掌、修长的手指、强健的手腕以及整个体态，都不像是位七十六岁高龄的老者。或许与陶土为伴的生活，因着贴近土地与大地间的万物，会让人青春永驻。

简短的问好之后，滨田准备开始工作了。他建议我们到一间欧式小屋喝茶讨论，那里有张精美的老式英国木桌和几把椅子。滨田习惯先在那里正式接待西方访客。他很迫切地想要讨论书的事情，并建议我们每天茶歇时间在这里对谈，其他时间我可以观察他工作的节奏。

像是要即刻写出开篇一般，滨田讲起生命中那些持续滋养他创作的重大影响。他又谈到数年前如何把别处的日本老房子迁移到这里，如何种养植物，五十多年来如何收藏其他文化的陶瓷和手工艺品，工坊的生活如何在他的监督下展开，如何处理陶土、烧窑。听着他的讲述，我意识到他在重振一种传统，并在当代日本的语境下超越传统。那些在生命中影响了他的事物，使他能够对自己的时代产生重大的影响。一切都源自他对手作之物、心作之物的爱与尊敬，而他最为珍视的，就是那些仍旧活在手工艺传统中的匠人们，以及从中自然流淌出的作品。

在一份当期的杂志中，滨田发现了一些古老的英国陶器的图片，颇似他 1923 年从欧洲带回来的一批藏品。但他认为，这些实际上是美国早期陶器，而非英国出产。他对美国的了解已有二十余年，且不再认为美国是个没有历史的国家。滨田说，自哥伦布发现美洲，至今已有四百年，足以发展出令人尊敬的传统。我记得他曾特别拜访了宾夕法尼亚州荷兰郡，因为他对美国和欧洲古老文化的连接很感兴趣。滨田尤其喜欢早期美国家具，例如轻盈明快、平易近人的夏克椅（Shaker chairs）。

　　为了从另一个角度阐释相似的气质，滨田取出了一只波斯小碗，这是他用一美元在市集上买的。碗的口沿画有一圈铁锈红，但是在陶工的拇指扣住碗口的地方断开了。这是滨田的钟爱之物。碗内底部以钴和铜釉装饰，流畅的笔触掩盖了支钉留下的粗糙痕迹。坯体像益子出产的陶器般粗粝，透过釉面可见杂质的斑点。"这是只好碗，只有简朴的陶人才可以做出这样的器皿，讲究的陶人是做不出的。"

　　"一般来讲，藏家非常看重找寻罕见的藏品，并让他的收藏变得完整，"滨田反思道，"但是我对完美地匹配藏品没什么兴趣，我也不会吹嘘某件藏品多么罕见或昂贵。最吸引我的，是那些感动我内心的作品，或是那些让我无法匹敌的佳作。

　　"我会瞬间作出判断，不计得失。大多数碰到的东西都不怎么让我心仪，但是如果我得到了一件这样的东西，就好比是身心的食粮，会不断滋养着我。

　　"我不在意它是否对称、破损，或者别人是否认为它有价值。如果是件新作而非旧物，便宜而非昂贵，那我就更高兴了。"

　　滨田给我看了一些长长的阿伊努族捧酒箸，这些罕见的旧物是北海道土著岛民很久前雕刻的，于他而言充满内在的价值。如果他能买到鲜有人收藏的物件，也会很高兴，例如他最近花四百美元收了一副朝鲜 A 字形背架，木质支架配以肩织带，能够平衡肩扛货物的重量，相似的藏品他只在博物馆里见过四副。这些日常之物代表着他所珍视的心手相合，也是他自己的初心所在。

　　青年时期的滨田庄司在东京和京都学习陶瓷科学，并跟朋友河井宽次郎学习手工制陶。追忆起这段长久的友谊，滨田说："在一个陶人的职业生涯中，你很快就会收到各种各样的评论，这些话语就像是一面镜子，你能从中看到自己。如果你不够警醒，便会把别人对你的评论误以为真正的自己。这是个陷阱，因为你会忽视你可能具有的更出众的品质，也无法对其进行表达。我有幸与河井互为镜面，从而能够在追求创作的过程中避免许多错误。"

年轻的滨田有天发现了一场伯纳德·里奇和富本宪吉的小型陶艺展，他深受触动，以至于鼓起勇气去结识两位作者，竟从此踏上了一条全新的人生道路。伯纳德·里奇在滨田二十五岁时带他去了英格兰。在那里驻留的三年中，青年滨田庄司受到欧洲理念的影响，并与几位优秀的艺术家结缘。他们都过着简单的生活，自己做家具，纺布缝衣，制鞋，种植大部分所需食材。这让滨田心怀感动与敬佩，并决定回到日本后尝试同样的方式。纵然外界瞬息万变，却依旧恪守传统之道，这本就深植于他的理想——放下我执，并在创作中放下自我意识和自视清高。滨田很早便确信，这是正确且值得延续的价值观，若得以贯彻，也对社会有所裨益。

这次初谈的真正意义在之后几周得到了验证。通过这次茶话，我确信他希望我在本书中涵盖他早期在国外的生活，这些经历如何影响着他在益子的创作与哲思，以及他的陶器——尤其是茶碗——与所有这些过往的紧密关系。

滨田起身，把刚才向我展示的民艺品放回原处，然后指向欧式房间旁边的主屋。这座家宅是一切活动的中心，也是每个人的归处。入口处放着一排雨伞、盆栽和正在晾干的蔬菜。一侧是敞开的门廊，另一侧是长排的拉门，在室外的地面和主屋内都投下方正的光影。拉开老旧的木门，玄关的板岩地面上放满了鞋子。我们在玄关脱下鞋子，踏上光亮的硬木地板，换上室内拖鞋。房间的陈设尽收眼底：精致的抽屉柜上都是滨田的陶器，放满了水果、鲜花和干草；房间的一端是农家样式的厨房；木质

这盏悬挂在西式餐桌和长凳上方的灯是滨田自制的，他给新宅的客厅也做了一盏。滨田在英格兰驻留时曾学习过木工。

主屋里到处是抽屉柜和滨田的陶器，朋友和家人经常在这里聚餐、聊天。

的西式长餐桌很有分量，搭配两条光亮的木质长凳，和地板相得益彰；头顶的灯是铸铁和纸做的；开放的下沉式火塘是家宅生活中必不可少的一部分。

火塘的烟味很重，如果你在屋子里坐久了，这种香气会让你终生难忘。烧火用的是柳杉木，常被用来制作寺庙用香，燃烧后的木灰很细，滨田会用来制作釉料。火塘里是盛满木炭的火炉，光滑的木质围栏又宽又高，四周放着八个藤编圆凳。

客厅火塘的柳杉炭火上方悬着冒着热气的铁壶。院落里生火产生的炭灰都会用来配制滨田的釉料。

火炉上方悬挂的铁壶喷出的蒸汽温暖了房间，也渲染了一丝神秘的气氛。火塘是待客、交谈之处，有时用来煮饭，当然也永远是家人团聚的地方。

滨田太太往火塘里添了些木柴、干枝和松针。她欢迎我的来访，并提及她首次访美时，在优胜美地（Yosemite）看到的巨型红杉。她笑着把双臂尽可能地打开，因为自己的臂展不足以环抱那些树干。我们总是用手势或者声调来交流，因为我们都不会说对方的语言。

滨田笃哉是滨田庄司的第四个孩子、第三个儿子，滨田比佐子是第五个孩子、次女，他们二人负责陪同客人参观院落。笃哉是植物学专家，一部分时间会在父亲的陶坊工作。他环游世界，讲多国语言，曾在墨西哥、斯堪的纳维亚和康沃尔郡的里奇陶艺工作室居住和工作。

比佐子有几年在加利福尼亚的大学和艺术学院留学，协助父亲以英文通信，筛选收到的询问，安排会面日程，并帮助母亲料理家务。她也织布，在东京有一处公寓，父亲不在益子的时候，她便去那里住。

次子滨田晋作所有的时间都在父亲的陶坊里工作，一生如此。他

滨田晋作的妻子辉子经常为家人和访客准备食物。

能拉制各种不同的造型，并监管材料供应。1968年，与父亲共事了二十五年之后，他终于觉得是时候在东京举办自己的首展了。如今，他一部分时间用来创作自己风格的作品。晋作性格腼腆，只能零星说几句英文，也尽量避免和访客互动——他的工作都在陶坊里进行。

我和滨田一家人已经相识多年，如今再次会面，我们都想起了许多往昔的情景，也对未来的几个月充满期待。晋作年轻貌美的妻子辉子正跟着滨田太太学习她的料理方法，她和晋作有两个小男孩，四口之家为整个家族带来了许多欢乐。

我和滨田共处了大半日，本来是时候告辞了，滨田却建议我们在院落里走走。和日本的许多传统庭院一样，这座乡间院落中的一切都

1

2

1   滨田院落中的几条路铺了原木台阶，以防雨天打滑。

2   滨田的八室窑前，一排树构成了密实的防火屏障。

1　用来盛炸天妇罗的面糊的碗，米糠灰釉，铁质色剂描绘甘蔗图案。

焕发着令人沉醉的自然气息。山丘上的阶级窑[1]用手工制作的砖块砌成，外层涂抹泥浆，蜿蜒的有机形态仿佛某种生命体。经过一次次浴火，最终在灶炉、窑炉、火塘和户外的许多地方都散落着些许的灰烬。庭院里都是土路，和工坊与储藏室的地面一样。巨大而高耸的屋顶覆有厚厚一层茅草，深棕色的稻秆中长出绿苗，房檐微微挑起的线条在晴空下格外震撼。山坡上的小径铺着鹅卵石，或是枕木排成的台阶，抑或用布满肌理的长方形石板将不同的场所连接。这样一来，每条路径既有了标识，也装点着整个院落。

1　阶级窑：由龙窑演化而成的一种传统陶瓷窑炉，依山坡而建，由独立的窑室串联而成，烧窑时火焰从前窑室通过窑孔依次传递到后窑室，最后从窑尾排走。下文提到的五室窑即阶级窑。

3

2　道路两旁是修剪过的树丛、篱笆和石雕。

3　陶工和家人每天都聚在一起享用下午茶。下午茶通常是新鲜的酸奶、果酱，或者荞
　　麦面配蔬菜汤。

　　庭院里到处都堆着烧窑用的木材，原木的切面像一卷卷磁带一样，一直摞到房檐那么高。一捆捆更细的木柴和枯枝则放在稻秆编的篮子里，或者用稻席包起来。晋作的屋后和滨田的屋前的架子上养了许多盆栽，有时候就在上面晾干刚拉好的茶碗，植物与陶坯彼此衬托。竹质吊篮里放着一层层晒干的柿子，一扇窗外挂着一串山土豆，沐浴着阳光。木桶旁堆着石头，用来制作要吃一年的腌菜。树木与灌木丛四处可见嫁接的标签，有的用铁丝把枝丫塑造成特殊的形态。在主屋通往五室窑的路上有一排常青的橡树用作防火障。鸟儿在大型的鸟舍里飞舞，洒满阳光的屋顶上还有小的鸟巢。篮子里放着一束束的新鲜黄菊，用来制作晚餐的天妇罗或者腌菜，还有晾干的蘑菇。食材似乎成了整幅风景中不可或缺的组成部分。

滨田工坊的茅草屋顶上的
纹样是"水",这是滨田
家族的标志,意在避火。

院落里的茅草屋顶定期
用院子里种植的草修葺。

院落中的瓦檐和纸门。

　　院落中堆着许多打包陶器用的稻草，用旧的烧窑层板上积了一层釉，便用来围墙。不同房屋的玄关处铺着阿伊努草席、光滑的木地板或是榻榻米，与木屐或者皮拖鞋的肌理相交融。此时我们闻到了热腾腾的荞麦面的香气，这是给陶工们的餐食，盛在滨田做的陶碗里，摆放在户外老木桌上的黑色托盘中，附着耀眼的橙色漆筷。

　　屋旁堆着用来修葺房顶的茅草垛，主要道路上的落叶用耙子堆到路旁。院落里到处都是陶器，有些放在地上接雨水给动物喝。破损的陶器整齐地堆在一起，还有刚拉好的湿坯和不同制作阶段的陶坯。竹质长柄勺挂在手编草篮旁边，这些篮子用来筛谷、运东西或者在田间使用。院落中自然的和谐之美就源自这些不同的质地、形状与色彩的交融。

　　除此之外，院落中还能听到鸟舍里轻柔的滴水声，艳阳高照时，蜿蜒的老树和柔韧的嫩竹投下斑驳的光影。灌木丛和小树都被精心修剪过，顺应着自然生长的走势。冲绳石灯、石棺和动物石雕摆放在路旁，几乎被植被所淹没。

　　茅草屋顶的房脊中间下陷，圆形的两端上挑。支撑房顶的大梁是接近黑色的木头，布满醒目的纹理和长短深浅不同的裂纹。屋里黑色的房梁、深灰色的茅草屋顶，和室外饱经风雨的鼠灰色老木桌交相辉映，木桌用作茶歇或者每日清晨晾晒蒲团。这些高大宏伟的房屋不禁让人生畏，还好有周围广阔的风景、高耸的柏树，以及那一长排树木，像绿色的绸带般划定着几何空间。鲜黄的细竹和嫩绿的壮竹构成纵向的线条，平衡着茅草屋顶宽阔的横向造型。形似帽子的草编席子盖住整棵的植物和小树，以抵御即将到来的冬日，有些树枝则在分叉处用琥珀色的干草捆起来。

　　没有哪个地方可以将整个院落尽收眼底。你只能随着蜿蜒的小径，或者环绕一座房屋，才能看到不同的小景徐徐展开。

　　有间房子是专门用来制作腌菜的。滨田太太腌菜用的是益子的老

1

2

1　滨田优雅的明治风格房屋，这是他从农民那里购买并迁至此处的十幢房子中的一幢。

2　这幢明治风格的房子饰有一扇用贝壳制作的拉门。1970 年时，滨田用这幢房子存放他的私人藏品。

通往滨田工坊的小径。

陶缸和木桶，调好的酱料和食材用木盖子封住，再用大石块压实。竹屏风和各种篮子洋溢着稻秆和枯草的温暖色彩，手工制作的扫帚挂在木墙上，金属质地的长柄勺和锅具偶尔折射出黄铜的光亮。

　　门房宏伟的木门上安着巨大的铰链和门闩。与之相反，精致的纸糊推拉门在夜晚透着方方正正的微明，营造着与白天全然不同的光影。这些拉门都是细木条打成的，正方形或长方形的格子图案偶尔被一道枝丫的曲影或人影打破。滨田优雅的明治风格的农屋坐落在半山腰，窗户上嵌着纤薄的南洋白贝壳，美得令人窒息。

　　庭院的路面是用石板或枕木铺成的，坡路则像典型的日本庭院一样用厚石块砌成台阶，路面两侧是横纵捆扎而成的低矮竹栅栏。育花的苗圃有顶棚，隐蔽的角落里放着许多红色的小花盆、木箱和大罐子，

院落中的另外一条小路，铺了石块和石板。

里面种着不同的植物，例如仙人掌和多肉植物，这些都是家里人从旅途中收集来的。从五室窑沿着小路走过这座房子，再经过木柴堆和竹林，就可以爬到滨田院落里的小山顶，越过林林总总的屋顶，眺望益子山谷和远处的重山。多年来，他一直精心打理这十幢从别处费力迁来的老房子，以及院落里的其他设施。于他而言，这些都是生活与工作中不可或缺的部分：“如果没有它们，就没有如今的一切。”

1922 年，滨田在英格兰找到了他想要的生活和工作方式。那些在英格兰的早期经历，以及他与里奇和柳宗悦的共事，都影响着滨田陶艺之路的发展，就像他的庭院一样，坚定不移。西方的文化与他身在东方的生活相融，但内核是他本人独有的。滨田宅院中的氛围和日常秩序都是独一无二的，对其有所了解的人，也大多无法不受其影响。

漫长的一天结束了。我们计划好了如何安排之后的日程和工作，以及需要着重观察的内容。滨田安排我住在镇上火车站附近的小旅馆，白天则留在他的院落。他知道我在每天早上来访的路上，一定会和镇上的商贩们建立手语情缘。

从滨田家到旅馆途经益子的主街，两侧都是临时的摊位和小商店，穿着农服的村人、身着蓝色校服的学生、自行车、巴士和手推车，路面上熙熙攘攘。秋天的空气爽朗，入冬后就非常寒冷，但村子里的人们永远充满温情。在最初的几周，我会拜访一些陶坊，它们都对滨田和益子的关系相当重要，其中有些人是滨田年轻时的朋友，也有些人曾在别的陶坊与他共事过。但滨田的制陶工作，才是让我来到益子真正的原因。

益子街道上的妇人们彼此问好。

旅馆的房东一家照料我的方式很朴素，提供给我和他们一样的餐食，把烧热的炭送到房间来取暖。我的房间很冷，虽然纸拉门外有木遮板，但还是挡不住寒风。我在夜里工作的时候，他们还会不断递来热茶。

我的朋友德博拉·史密斯曾跟我学习陶艺，她是斯坦福大学日本语言文化专业的研究生。德博拉偶尔会加入我的采访，帮忙翻译。她也翻译滨田撰写的文章，以及关于他的文章，这些都是滨田认为的重要背景资料。

益子町的节奏和滨田的步调相近，平稳而井然有序，但每一天都会展现出之前被忽视的新的一面。

制陶之事

从门房到工坊的绵长小径。印坯陶瓶在太阳下晾干。

从院落的入口处几乎看不到滨田的工坊，那座狭长、有着茅草屋顶的房子远离院落的中心，坐落在一旁的小山坡上，你得知道那条绿荫掩映、铺满落叶的小路。工坊周围都是上午刚做好的陶坯，刚拉好的湿坯排列在板子上晒干，能占满一大片碎石地。艳阳在茅草屋顶上闪烁，凌空的枝丫在地面和陶坯上投下斑驳光影。

四周的风景常年青绿，但在秋日会点缀上温和的黄褐色、金色与温暖的绿色。这些也是益子出产的陶器上最常见的釉色。这里的风景如同益子著名的女陶艺家皆川升[1]在茶壶上绘制的山峦树影，相传她在四十年里每天要画一千遍陶瓷彩绘。对于滨田来说，皆川象征着传统的乡土陶瓷和日复一日的工作。他童年时使用的一只皆川手绘的茶壶是他最早与益子结下的情缘。这里的山谷、乡镇和器皿，彼此相融为一。

工坊长十九米，宽七米，用木头和灰泥建造，屋顶覆盖着茅草，两头的墙壁由劈成两半的原木纵梁和白色泥灰组成。这是一座来自栃木县的榫卯结构的老农舍，滨田四十年前将其买下并在此地重新搭建。面向山谷的一侧通体是一排纸拉门，分成几个区隔，这样一来，每一位在陶轮前工作的工人都可以打开拉门，给眼前的风景定制画幅。

七台陶轮面向拉门依次排开，顶头是滨田的手动陶轮，余下六台是朝鲜式的脚踢陶轮。陶轮安装在一个深槽中，四周是木台和坐凳。每一个工作台都配有工具筒、拉坯用的热水和梭织染色布料缝的坐垫。整个工坊都很朴素，唯一显得格格不入的地方，是滨田陶轮旁的墙壁上挂着的那部对讲机，方便和主屋通话。

秋冬的天气很冷，工坊里的水除非架在火上，不然总会很冰。屋外有个水槽，用来冲洗竹屏风。工坊旁成桶的釉料有时会结一层冰。屋里的空气又湿又冷，湿气主要来自陶土和做陶用的水，这里既没有

1　皆川升（1874—1960）：出生于栃木县真冈西田井（现真冈市），十岁成为栃木县益子町陶瓷彩绘师皆川传次郎养女，并随养父学习茶壶彩绘。据传，皆川升十五岁时便可一日绘制五百至一千二百只茶壶，其作品深得柳宗悦、滨田庄司等民艺运动家喜爱。

1

2

1　从滨田的工作位置看向工坊的另一端。

2　滨田与儿子晋作和孙子在工坊中。

暖气，门窗又是纸糊的。工作台上方悬着灯泡，墙边放着石膏模具的架子，用来存放陶坯的架子吊在被烟熏黑的竹椽上。空间被充分地利用，没有一点儿浪费。虽然这间工坊的面积对于它所承载的工作量而言略小，但空间和动线都不会让人感到局促。

到处都是陶坯——瓶子、碗、杯子、盘子，做好的坯被放到架子上，有的被拿起来移到别处。陶工们在硬实的土灰地上光脚或穿着木屐走路。工坊中央有个火塘，上面吊着一把冒着热气的黑色铁壶。火塘里永远烧着木炭，周围放着小板凳，长二十厘米，宽十厘米，凳腿也只有十厘米高，坐在上面臀部也就刚刚离地。大伙就蹲坐在这些小板凳上围火取暖、吃饭、吸烟，在日复一日的工作中歇息片刻。

工坊的最里面堆满了陶泥，高及屋顶，宽度占了屋子的一半。泥堆的外表已经干硬，里面仍然湿软，足够一年的用量。泥堆的一端盖着塑料布，做陶用的泥巴就是从这边铲下来再进行揉制。年轻或者还未成名的陶人负担不起这么多陶泥，如此大量的陶泥陈腐一年后，有了更好的可塑性，也更易使用。益子的大多数陶人每次只买少量的陶泥，总是使用刚刚加工好的新泥；滨田则一次性购买大量陶泥，所以能够使用陈泥做陶。

陶泥

益子村用的泥料是从滨田农场后面的北乡谷山坡上挖来的。沉积的陶泥呈现不同的颜色，手工分拣捣碎后堆在山坡上晒干，然后转运到挖在地上的蓄泥池里加水调和。砂石会沉到底部，清水浮在表层，泥浆在两个泥池间过筛，滤掉杂质。一位妇人不停地用木桨搅拌泥浆，并反复过筛，这个过程可能要持续几天，最终把泥浆舀到一个硬陶做的浅沉淀槽里。在水分蒸发数日后，她再把泥浆舀到素烧过的陶盆里

1

2

1　滨田面朝窗外，盘腿坐在陶轮前，身后是足够使用一年的巨大泥堆。

2　滨田家的后身是北乡谷泥矿，这里的天然陶泥被称作"耐火黏土"（fireclay）。

继续排水，直到变成能够制陶的可塑状态。

生产陶泥的农妇说，这根本不是女人能干的活儿，但就是这些农妇们从山上分拣陶土，把硬土块耙到泥池里，搅拌、过筛泥浆，再把泥浆舀到干燥盆中。在镇上的益子烧协同组合，即使是用机器生产商业泥料，也是女工们在舀泥浆，就和在北乡谷一样。

山坡上的地质层出产不同类型的陶泥，颜色与质感各异。有的陶泥粗糙，有的细腻，有灰陶，也有黄色或棕色的陶泥，这意味着泥中富含氧化物，会在烧制过程中让釉色更加柔和。滨田使用的是同一矿区的白泥，但是比这里的高温陶泥更白、更细腻，也更稀少。有的陶人把不同的泥料混合使用，但是滨田喜欢直接使用山上开采出的原矿泥。他请这里的人们帮他加工好，保留陶泥原本的特质，每年给他供应一批。但是这种泥很粗糙，含沙量高，对于一些特殊的造型，或者大碗和大盘，滨田还是会把本地的泥料和其他产区的泥料相混合，以增强可塑性。

滨田曾多次表示益子的泥并不好用，但是他更愿意用难驾驭的泥料做出好的陶器。我之前并不知道这里的泥含沙量这么高。搓好的泥条容易开裂，把两块泥条黏合在一起，也很容易断开。这种泥具有很强的欺骗性，看起来细腻，黏性和可塑性也都很强，但是制作和干燥过程中都容易开裂。直到快要离开这里时，我才明白他们到底花了多少心血和长时间重复的工作来准备泥料。通过多方处理，从北乡谷的山民开始，滨田的陶工们再进一步地加工，经过数小时的揉泥，泥料才拥有了非同一般的强度和韧性。

同为陶人的次子滨田晋作 1963 年也参加了在南加州大学的工作坊，他在美国学到的最重要的一课便是关于泥料的。现在他能讲些英语了，也终于等到了机会跟我分享他的心得。那一次，他使用我们那里机器加工的美国商业泥料，以他常用的益子技法制作一个长方形板式器皿。他认为他可以做一个比平时更大的尺寸。我仍然记得，这些大尺寸的泥坯在干燥过程中一个个地开裂了。如今我才明白，美国的陶泥之所

附近种植水稻的农人定期给沉淀池中的泥浆过筛。

以黏性较弱，是因为我们不懂得时间对于准备陶泥的重要性。我们的问题是缺少经验，缺少理解材质——尤其是天然材质——并与其沟通的悠久传统。

　　晋作最终明白了美国的工业陶泥不适合他的手工成型工艺，但他也思考了其原因。晋作解释道："美国人不太懂陶泥，以及如何通过漫长的准备过程才能让原泥变得富有黏性、增加强度，且不易在干燥和烧制的过程中开裂。陶泥必须要像在北乡谷那样经过数天的加工，而且要手揉彻底。美国人和英国人的'胳膊'没用到位，反复用手揉制陶泥的过程是不能被机器替代的。"滨田工坊用来拉坯的陶泥都要经过将近两个小时的揉制，不同的器型对泥料的致密度要求不同，也决定了具体的揉泥时间。晋作自己所用的泥料，以及他父亲所用的大部分

湿软的陶泥最终放入素烧过的陶盆中干燥，达到合适的硬度后运往山下给陶艺家们使用。

泥料，都由他亲自揉制。

　　工坊的废泥大概以 20% 或 30% 的比例与新泥混合回收使用。当多次回收后的泥料已经失去了最细腻的陶泥成分时，便留作制作陶砖、修补柴窑，或者与稻草混合后送给益子的居民用于农舍的墙壁——什么都不浪费。晋作说，他发现我们用机器加工成条的陶泥外层硬而内里软。在滨田工坊里那样成堆地存储湿泥更好，因为这些泥会一直随着时间变化，保持同样的质地。滨田加工陶泥的方法是日本民间陶人的传统——长时间用双手劳作。这恰如美国印第安陶人对泥料所倾注的心血，不论是发掘陶泥，还是之后的调和。"想想那些陶工数世纪来制作的薄胎器皿的形状，他们要非常用心地选择和准备泥料，才能做出那样的器型。"晋作边说边用手臂在空中比画着那些复杂而优雅的轮廓。

1

晋作为父亲准备陶泥

1　　　晋作先从工坊囤放的巨大泥堆上锄下几大块陶泥，用手揉压。

2、3　逐渐加泥，泥条越来越长，直到重量超过二十三千克。

4　　　泥条截成几段，分别进行菊花揉[1]。

5、6　泥团一头揉成锥形，以便拉坯使用，揉泥过程需要几个小时。

1　菊花揉：一种常用的揉泥手法，也称螺旋式揉泥法。揉泥过程中一只手发力沿泥团斜轴挤压，另一只手辅助支撑泥团，通过多次挤压旋转，泥团自然呈现出菊花花瓣的形状，故得此名。

2

3

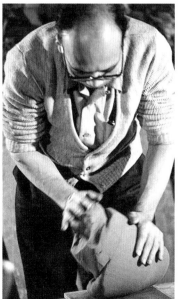

4

5

6

滨田使用的中式陶轮边沿有四个孔，他把一根木棍插进其中一个孔转动陶轮，每次提速后可以拉制四五个来回，然后又要用木棍手动提速。

陶轮

　　滨田喜欢一早就开始工作，在工坊里跟儿子和工人们聊聊天，营造一个放松的拉坯氛围。他拉开门，迎着透过树梢洒进来的阳光，盘腿坐在陶轮前的蓝色坐垫上。那台中式手动陶轮他已经用了四十年。他宁静、安稳、充满洞察力，晋作在左侧的脚踢陶轮前工作，滨田和他聊着天气，聊起台风中途转移了路径而未经过益子，今天的天气多么温暖宜人。

　　晋作的幼子把弄着几块陶泥，滨田转过身来教他怎么能更好地做个富士山。他告诉孩子先揉个泥球，在底部用手指压个洞，中空的结构更易烧制，然后在另一端捏出山顶的形状。滨田自己也开始把玩泥巴，先揉一个小球，然后在孙子做的富士山顶按出一个凹槽，再把泥球放上去——这就是富士山顶着整个世界了。祖孙二人都笑了起来。

　　滨田旋转着他那精美的栗木手动陶轮。他盘腿坐在和陶轮等高的位置，对于大多数西方人而言，光这个姿势就无法驾驭。他先用左手顺时针转动沉重的木质转盘，遥望着院落与山谷之外清凛的晨色。随着转盘的转速变缓，他抓起一根一头削圆的长棍，不知怎的就把木棍插进了转盘上四个镶了黄铜的凹槽中的一个。右臂猛烈的动作让陶轮飞转起来。他放下木棍，双手捧住陶泥，将其挤成火山状。这样几次重复后，双手对陶泥施加的压力让转盘的转速放缓，此时他必须再次迅速地抓起木棍。

　　仅仅让陶轮转起来就已经是高强度的劳动了，但滨田的身体仍保持安稳、中正。他的手不大，手指修长，以富有强烈节奏感的动作抚摸着陶泥，与陶轮所产生的离心力并驾齐驱。他先是把陶泥捧起又压下，感受着陶泥的意愿，再决定接下来做什么。

　　滨田常被称作"先生"，即日文中"大师""老师"的称谓，而他也的确在工作中言传身教。他荣获日本最高荣誉，受封重要非物质文

1 滨田在扶正一块陶泥时用木棍提升陶轮转速。

2 滨田又加了一块陶泥。

3、4 他继续扶正这一大块陶泥，而后从泥团顶部开始拉碗坯，每拉好一只割下，直到全部陶泥用完。

滨田在已经拉好的罐子底座上盘泥条继续拉坯塑形，年轻的助手负责转动陶轮，协助这个高难度步骤。

化遗产民艺陶瓷保持者，也就是"人间国宝"。他一边拉坯，一边随口向我讲授关于陶轮的掌故："现在很少有人用手动陶轮了。日本南部九州地区的陶人继承了朝鲜传统，那里的陶工和出产九谷烧的金泽陶工，都使用朝鲜脚踢陶轮。那种陶轮比欧洲的要小一些。

"濑户的陶人沿袭中国制陶法，使用手动陶轮。益子和京都的制陶历史相对较短，混合了不同的传统，制作大件使用脚踢陶轮，小件则用手动式。朝鲜的陶轮最先在益子出现，要用双脚顺时针踢转，所以今天的陶工们也顺时针踢转。备前那里也是这样的。不同的方法归根于不同的起源地，但是手动陶轮都是顺时针的。冲绳陶工拉坯的时候是逆时针，但是修坯却是顺时针，谁知道是为什么。晋作用脚踢陶轮，因为他觉得'那更适合制作充满力量感的作品'。"

1

2

3

6

7

8

4

5

晋作拉制大碗

晋作是工坊中唯一一位能够拉制滨田出品的最大的碗的人，这种碗是益子的传统器型，多年前在此地很常见。

1　　拉坯的第一步，晋作先用拳头在一大块陶泥中心压出开口。他使用的是朝鲜式脚踢陶轮。

2　　盘上几层粗泥条增加高度。

3、4　扶正，提泥。

5、6　扩型，口沿留厚以防扭曲。

7、8　用双手和木质刮片小心翼翼地将碗口直径扩至六十至九十厘米

滨田在一块扶正的陶泥上拉制茶碗，身旁是水盆和转动陶轮用的木棍。
中式手动陶轮顺时针旋转，和西式陶轮相反。

晋作记得父亲告诉他，在朝鲜式陶轮上拉坯其实应该逆时针旋转，就像美国陶人一样，于是他就学会了这样拉坯。在制作大型器皿时，他要不停地踢这种陶轮，不然拉的坯容易偏离中心，不过他说做小东西的时候不用一直踢转陶轮。电动拉坯机并不适合滨田的工坊，因为即使是脚踢或手转陶轮的动作，也会呈现在作品中。

滨田笃哉和工坊的其他陶工都用传统的方式顺时针拉坯。陶轮做工精美，短轴的顶端是一个厚实的圆盘，底端的转盘不大，也很厚实，大小刚好适合双脚踢转。转盘是用日本常见的硬榉木做的。传说如果你能用榉木生一把火，让火燃烧三年，浓烟就会让你的双目失明。

拉制陶坯

滨田一边继续在用起来很费力的手动陶轮上拉着坯，一边说道："我应该学习用脚踢陶轮，但是得花一个月的时间。我太忙了，没空学。用脚踢陶轮拉坯的时候，整个身体都在动。我的手动陶轮转速比较慢，也更温和。我的身体是静止的，只有手和双臂在动。"

提泥，再扩开，器型在滨田的双手之下自然形成。他的右手在内，左手在外，双手的位置几乎与腰部齐平。陶泥迅速被提成直筒，再内收，勾勒出饱满的轮廓。这是罐子的下半部分，等陶坯半干的时候，滨田会在口沿部盘上泥条，再拉出罐子的颈部。对于难以控制的手动陶轮而言，这种方式比直接拉出完整的罐子更加安全。

滨田的工具：木刮片、金属修坯工具、割线，以及拉制大型器皿后用来起底盘的竹棍。

"有些陶人会把一块泥拉到一个完美的形态，如果两边都很均匀的话，就是很好的拉坯。用传统技法拉大罐子时，会在一个大型直筒的口沿处

滨田和晋作于 1963 年在南加州大学为学生和来客进行了为期三周的演示。

1、3　滨田在拉制一个小罐，用木刀整形。

2　　　滨田用一根丝线割下陶罐。

4　　　修整水罐的器型。

5　　　滨田在拉好的瓶身上盘泥条拉制瓶颈，瓶身也是通过加泥条分段拉制的。

停顿两次，让口沿更稳固，然后再扩出器型。以前益子的陶人都这么做，现在没人这么干了，方法已经遗失。你只能从我给你的那部三十年前拍的关于益子的影片里看到，但这种方法非常重要。"

滨田继续一边拉坯一边和我谈天。我刚从地球的另一端过来，我们便一同回忆起世界各地的博物馆和他上一次的旅行。他说英国可能有最上乘且完整的东方收藏，虽然卢浮宫也很不错，但是更侧重于近东和波斯藏品。斯德哥尔摩的中国史前文明和某些历史阶段的藏品还不错，但是不够完整。虽然伦敦大英博物馆的大多数东方藏品都在仓库里，但是他们有很优秀的学者常年驻场研究。伦敦的维多利亚与阿尔伯特博物馆同样如此。美国最好的东方器皿收藏曾经在堪萨斯城，如今在旧金山笛洋美术馆的布伦戴收藏。华盛顿的弗瑞尔美术馆曾经很好，但是藏品比较老，没有收入新近发掘的文物。

从博物馆藏品可以看出，欧洲陶瓷更侧重釉色，但是滨田认为器型更加重要。釉只是衣裳，而胎体是心灵。"所以日本人喜欢伯纳德·里奇的作品。他做出的胎体和器型很有力，这是最重要的。里奇是一个非常谦逊的人，从不说自己是最好的。这点日本人也很喜欢，"滨田笑着说道，"他就是最棒的。"我说滨田也有着同样的谦逊，他眼中含笑地打趣道："哪里哪里，滨田这人总说他自己是最厉害的。"

我曾在附近的宇都宫市看过滨田的回顾展，展品来自本县的不同收藏，我便问他是否认为在过去五十年的创作中，自己的风格发生了变化。

"我没有改变我的风格。它是自然地发生了变化。当我看着所有的作品放在一起时，感觉非常'喧腾'（賑やか），意思就是鸟儿在树枝间跳跃，或者很多人在聚会上谈天，抑或是街上的行人熙熙攘攘。昨晚我做了八个大盘子，今晚要做五十只茶碗——变化丰富很有裨益，但是要具有统一性。你要在你不自觉的时候创作。如果你创作的时候秉持着一种'心情'（気持ち）——感觉或者情绪，你的作品也会散发着这种'心情'。"

很多日文的表达不易翻译成英文，滨田也提到，日文比英文具有更微妙的含义，尤其是在美学领域。例如，在日语中，"懂物之人"（物がわかる人）意为一个人不论在物质层面还是精神层面都能够理解事物、欣赏其价值或认可某种品质。另一个表达是"见物之眼"（物を見る目），意为可洞察事物的眼睛。英语中我们会说"某人有看东西的眼力"（He has an eye for things），但日文中的含义更加深刻。观者不仅看见事物，更能洞察其内在。洞察意味着他能够与事物进行沟通。拉坯也是这样的。做一个花器或瓶子，做的是其内在。

滨田回想着欧洲、里奇和他自己的风格，这让我想起他青年时学的是绘画而不是陶瓷，我便问他为何后来选择了陶瓷。

滨田回答道："我打小就最喜欢画画。中学三年级的时候，我意识到，如果将来自己成为一名画家，必须成为一名非常优秀的画家，否则没有意义。无论如何，我不能永远画一些只能还算是不错的作品，靠着别人的赏识过活。如果我成为一名陶人，因为陶瓷是实用的，人们能够以某种方式使用我的作品，这样我可能会稍微心安理得一些。在所有的手工艺中，陶瓷釉色出其不意的特质让我神往。回想起来，我非常喜欢普通的陶制火钵上常用的海鼠釉，所以我选择了陶瓷。

"我在技术学校的一位老师邀请我随时去他家聊天。有一次，我注意到他的架子上摆放着一把陶壶，和我中学在午餐时用来倒茶的壶一样。我问他这把壶是哪里做的，他说栃木县的益子仍在生产这种茶壶。就是那把皆川升制作的陶壶让我和益子结下了缘分。

"曾经的益子太美了，院子里晾着陶坯，每个人都在制作上百个同样的大件陶器。妇女们负责揉泥，上午揉五十条，下午揉五十条，身上还背着孩子，那也很美。如今女工们不负责拉坯或者揉泥了，但是可以非常娴熟地上釉，很擅长让陶坯稳在指间。她们往坯里倒一点釉，唰的一下就荡好了。"滨田说着做了个飞快的手势。他觉得很遗憾的是，如今再没有整家人在陶坊里工作了。

滨田 1924 年来到益子，那时益子有七千居民，四十座窑。一百年来，这里出产热水瓶、水罐、研钵、温酒器和各种用途的盛水器，大到用来储水，小到用来洗眼睛。在更早的新石器绳文时代，这里就出产陶器，农人们经常能挖出这样的陶片。

大约十五年前，益子人不再制作传统的实用器了。目前商店售卖的益子烧来自本地的一百零五座窑，滨田觉得它们整体水准不佳，购买这些器皿的人品位也不高。

"再过二十年，美国陶瓷会越来越好，日本陶瓷会越来越差。"滨田打趣道，"益子人终将意识到，他们多年前在学习制作的那些陶瓷是更好的。那时候，他们在寻找并制作人们需要的东西。而现在他们什么都做，能卖就好。

"非常令人遗憾的是，这里没人做大件陶器了。他们曾经做得那么好，我希望至少还有一家在做。五年前，这里还有一家在做大件，但是后来他们也放弃了。做那些大型器皿当然很难，而且赚不到钱了。政府应该资助一家工坊做这个，他们的确在资助传统制陶。

"但是还会做那些器皿的益子人都已经六七十岁了，也干不动了。在九州的陶艺村小鹿田，政府会给予资助，但是益子的传统大件陶瓷制作已经消失，可能也无法复兴了。

"不仅如此，这样的器皿也不再实用了。以前的老式厨房里还能用它们来储水，现在厨房里都是自来水。"

滨田说，他在益子制作风格不同的陶瓷并没有妨碍传统陶人的工作。大件陶器只是丧失了实用性，先是在城市里，然后在农村。便利的生活方式出现在城里，再传到农村。慢慢地，二战之后，大型的储物罐就卖不出去了。

我知道四国岛的大谷窑还在烧制大型陶器，于是问起那里的近况。"大谷的那些大罐子曾经用作醋坛子，后来醋厂找到了更适合做容器的材料，那些陶罐也卖不动了。陶工们的境况很差，要寻找别的出路。

陶工们在工坊工作。火塘边是滨田的小儿子笃哉。

一位工人在用模具制作小型餐具……每一窑中有约三分之一的作品匿名在全国商店售卖。

后来他们想到了做花盆和其他的花园用具，还和人们说'请用我们的陶器干点别的事情'。"

滨田继续拉坯，看看拉门外的景色，把陶坯从陶轮上割下来，依次排在旁边。我说，对于益子而言，滨田的到来拯救了很多陶坊。他皱了皱眉，有点走神，又令人不解地笑了一下。"不，我没有。这个之后再说吧。"他这是在暗示，我还要花更多时间才能理解。

陶工们

就在我们谈天的同时，工坊的其他工作也在进行中。泥片被压进模具中，做成方形的罐子和瓶子，以及传统餐具。五位陶工在一旁拉制不同的器型。这里制作的器皿数量和品类繁多，一个人根本无法完成。而这间工坊的精髓便是滨田的制陶之道，所有人都是他的延伸。

工坊的成员基本稳定在包括滨田在内的八个人。每一个成员都身担重任，团队协作为一个整体。有时候会有更多的人加入，附近的工人会被请来协助施釉和烧窑这样繁重的工作，或者一些临时性的任务。

同样身为陶人的次子晋作一生都在父亲的工坊里，1963年同父亲一起访问美国和世界各地，如今他在完成工坊里的工作之余，也创作自己的器皿并举办展览。小儿子滨田笃哉尤其擅长制作杯子和水罐，他曾在丹麦生活、做陶，也和伯纳德·里奇在康沃尔郡居住过，同时还是位植物学家。做了十一年弟子的冈佐久良是工坊的中流砥柱，也负责烧窑，但是他来年春天就要离开这里，创立自己的工坊。筱崎在这里已经工作了三十一年，中学时来做佣工、准备泥料、打理火塘、学习使用模具和拉坯，入伍参战又复员。他很擅长拉大碗和其他一些器型，就像是滨田的副手。丰田正夫在这里全职工作了二十八年，他比任何人都更擅长用滨田自己做的模具压制方形大瓶和大盘子。美津子是团队中唯一的女

滨田工坊中唯一的女性陶工美津子在制作印坯餐具。

性，原本是家里的女佣，后来成了工坊中最擅长使用小型模具的人。

　　每位陶工在工坊中都有自己的工作台，面朝纸拉门。美津子用的泥料和模具在最尽头的角落，然后是篠崎和笃哉。进门的左手边依次是正夫、晋作和滨田。此外，还有一个年轻的男孩负责打理滨田的陶轮，另一位非常年长的老爹协助滨田打理院落中的各种事情，他在这里已经工作了很久，如今正在学习给陶窑点火。

　　冈佐久良和滨田的师徒关系比欧洲学徒制的师徒关系要复杂一些。他所接受的这种真正意义上的弟子训练非常严格，这样传统的传授方式如今在日本已不多见，但滨田认为这是最好的体系。作为弟子，在学习的过程中要使自我完全服从于师父，放下自我，进入师父的"内在"。"服从"于师父并不意味着盲目地模仿，而是创造一种精神戒律和契机，让技艺深入骨髓。冈把十一年的人生给了老师，而一般的弟子期都是三年。

冈的出生地距离滨田出生的地方步行只须八分钟。他的父亲是滨田家的医生，两家关系密切。家里的长子先去滨田那里拜师，但是因战后艰苦时期食物短缺而被拒绝。他后来娶了滨田的长女。冈在大学学习设计，希望能够拓宽艺术视野（他的姥爷是日本最著名的现代画家之一），同时也心怀成为陶艺家的志向。

冈毕业后同父母前来拜师，在此之前他从来没见过滨田。他等了三个星期，收到了一张明信片，上面回复道："你来吧。"冈随即前往。弟子往往在老师那里学习三年，但冈的父亲请滨田留他十年。当时冈并不知晓父亲的安排，对他而言，他只是很自然地就在这里学了如此之久。

在弟子生涯的早期记忆中，冈最深的印象之一就是滨田一家人——尤其是滨田本人——都非常热爱食物，以及家中的食物是多么丰富。除了对食物的热情，滨田对古董的喜爱也让冈感到出乎意料。滨田经常将一些来自遥远国家的藏品带回家，而冈的父亲收藏的基本都是日本产的物件。滨田那时主要在收藏朝鲜李朝的陶瓷，作为藏室的大房子里摆满了李朝器皿。冈先是用自己的眼睛看到了这些藏品，而后通过滨田的双眼学会了欣赏这些陶器。

通过滨田的作品，冈可以感受到老师对李朝陶瓷的研究。滨田还喜欢中国古代器皿和中世纪的英格兰水罐，并且进行了深入的研究。冈在那个放满了藏品的房子里住了很多年，但是他与滨田共度的十一年才构成了完整的修习——滨田不是个循规蹈矩的老师。

冈在工坊中先从揉泥学起。两个月之后，他被允许拥有自己的陶轮和工作台。他拉制的第一批作品入窑烧成了，但是只作为个人作品，而非工坊出品。家人和朋友意识到，他真的要成为一名陶人了。他总是通过观察学习，但如果有疑问，滨田都会解答。这不是简单的师生教学关系。作为一名弟子，你要通过整个身体——肉体、感官，乃至全部的意识——去学习。

冈在学徒生涯的第一年，每窑会产出他制作的二百至四百件茶杯，作为普通器皿出售。滨田从不表扬他的作品，如果哪个地方问题特别严重，他会纠错，例如这里要做高一点、那里大一点等。

滨田逐渐让冈进阶到其他器型，从茶杯到小碗、再到浅盘，每一种都要一次做几百件来练习。一旦冈可以正确地制作某种器型，就可以并入工坊的常规生产中。同一个器型重复制作数百次，是滨田工作和教学的重要组成部分。

在冈看来，当今的艺术家把每一件成品看成独立的作品，但滨田却不这样认为。练习不仅仅是为了学习技法，更是让弟子掌握一种生活之道。大量器型的反复练习不是为了做出一个好的器型，而是为了做出大量优秀的成品。这不仅是技术训练，也是精神训练。这是冈的见解，虽然他知道滨田大概不会如此阐释这个过程。

作为一名弟子，冈直到第三年才开始有少量的月薪。后来滨田的陶工们组成了一个团体，共同展售他们自己的作品。冈的作品好，销路也不错，如今他有足够的收入，虽然并不是很多。

他知道，在今天的日本，十一年的弟子生涯是很独特的，他也知道，自己已经深入地了解了制陶。在很长一段时间里，他监督每一窑的烧制，完全负责几千件作品的产出。作为一名弟子，你得放下自我。在冈放下自我的这十一年间，做陶已经如他所言，深入骨髓。

冈一直用日语讲述，其间提到一个重要的语汇。德博拉在翻译和提问中反复使用他说的"作品"（sakuhin）一词，意指艺术家的作品或创作。滨田是不使用这个词的。滨田用日文中的"品物"（shinamono）一词指代自己的陶瓷，也就是物品、用品的意思。滨田的工作方式是手工艺者的方式，一次制作几百件东西。冈说，艺术家对自己的创作有占有欲，滨田却没有。

冈佐久良春天就要离开这里去创立自己的工坊了。他会沿袭滨田之道，也会以自己的方式去实践。

家庭

滨田整个家庭的运转和陶坊的经营一样有条不紊。滨田太太的"弟子"——这是她的丈夫爱用的说法——是女儿比佐子和晋作的妻子辉子。有三个女孩协助屋内的工作，农场的劳作则交给工人们。在滨田太太的照看下，农人们在田里播种、扦插、嫁接、收获。一日，我看到屋旁整片田地的黑色犁沟中都种上了一簇簇新生的绿苗，几天前，这片地里还杂乱地长满了菊花。

我问滨田地里新种了什么，他说他也不知道。他问我："长什么样子？"在我描述后，他笑着说："那是我夫人最喜欢的草。"他把眼镜架在额头上，看着我捡来的样本说道："我们最好问问笃哉，他是家里的植物学家。"然后滨田捻开了草尖的谷粒说："哦，我知道了，这是大麦。"

播种、收获、风干、储藏，成果丰硕。有时收获太多，滨田太太就会提着篮子把新鲜的蔬菜送给邻居，或者拿到东京长子的家中。厨房里的女佣、女儿和儿媳总在尝试新的方法，来烹饪源源不断的各种丰富食材——田里种的，买来的，还有偶尔收到的礼物。

几乎每天都会有小贩带来特别的食材——香橼、鱼或者柿子，日本各地的朋友们也会寄来不同的物产作为礼物。比佐子说，他们每年都会特别期盼美味的柿子成熟的时节，不同地方的时间各异，他们都会收到一些。

年复一年，滨田的日常生活已经发展出了一种规律性的节奏，就像陶窑永不停息的旋律。随着为了特殊的节日和假期准备食物而渐入佳境，不同寻常的事件将生活引入高潮，国外旅行或稀客到访则带来全新的见地。朴素而规律的日常以一种真挚的方式延展，却又深植于滨田全心构建的根基。家族中的每一个人都参与其中，将小我奉献给这一完整的体系。比佐子说起裁缝正在给她新做的一件和服还有多久才能完工："在日本，我们总要等待，我们学会等待。"

濱田太太。

完成陶坯

在过去的几天里，工坊有条不紊地完成下一窑要烧制的陶坯。滨田在东京一年一度的展览临近，空气中弥漫着倒计时的紧张氛围。

美津子在模具中压制椭圆的浅碗，正夫在精准地制作方形陶瓶，篠崎则拉直大型直筒罐。晋作在过去的一小时内拉了七十五个茶杯。天气越来越冷，陶轮旁的水盆散发的热气也愈发明显，当他俯身把一些杯子蘸上赭石色的泥浆时，呼出的水汽依稀可见。笃哉在一旁拉制咖啡杯。到处都是等待修坯的陶坯，有些排列在置于地面的木板上，有些放在头顶被熏黑的大梁上。工坊内外也摆满了上百件正在晾干的陶坯，数百个陶坯排列在冬日寒阳下，只有火塘周围才有块空地能让工人们喝茶休憩。

模具成型的陶坯上留有接缝处的痕迹，需要刮平打磨。

这天下午，滨田很晚才到工坊。和往常一样，负责打理火塘、烧水的男孩一整天都在照看滨田的陶轮。他负责往水盆里加热水，保持沉重的木陶轮湿润，把坐垫拍松，并且确保揉好的陶泥保持适合拉坯的湿度和韧性。但是滨田一直没来。

等他来的时候，工人、两个儿子和男孩都走了。滨田要给之前拉的罐子修坯，他必须要在这些陶坯干燥前，在合适的湿度下完成修坯的工作。

他朝我点了点头，立即开始工作。先是拍了拍陶坯的侧面，用手指触摸边缘感受硬度，抹平一些地方，轻抚或拍一拍他喜欢的几只罐子，时而微笑，时而皱眉。他在一些陶坯上贴

1

2

3

1 笃哉在扶正的陶泥上拉制咖啡杯，并测量口径宽度保持一致。

2 笃哉把一块泥粘在杯身上塑把手。

3 笃哉将把手的末端黏合在杯身上。

滨田在茶壶的侧壁上削出切面，而后要拼接茶壶的不同部位。此刻已是夜晚，他在灯泡照明下工作。茶壶的提梁、壶嘴和壶盖放在身前。

一个泥点，提醒自己这些要上一层黄褐色的泥浆，又用一块石膏板拍了拍一只椭圆瓶，然后揭开在陶轮旁的地面上放置的八个罐子上盖着的塑料布。我们一起看着这些陶坯，这种半干的状态是最好的，每一只罐子都散发着柔和光泽和阴影，我被每一件作品别样的生命力所震撼。

滨田从容而仔细地观察每一件陶坯，检查粗修的部位、打孔的地方，以及花瓶倒扣在修坯筒上在肩部留下的凹槽。他大概花了一个钟头精修这些器型。

他用一把锋利的大刀在一个敞口罐的侧壁上削出切面。滨田说，这种刀必须得生了锈才好用，新的不锈钢刀不行——不，一定得是一

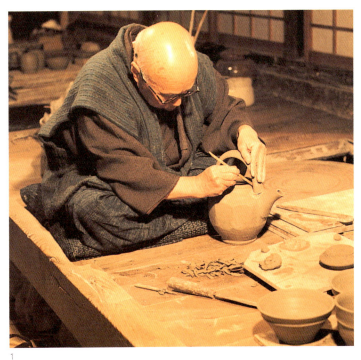

1

2

1　在黏合了壶嘴和提梁后，他会调试壶盖。

把用旧的老刀，最好是冲绳产的，最好是渔民用的刀，那种祖母们用来剖鱼的祖传老刀。滨田此刻就用着这样一把充满力道的老刀，沿着一个大罐子由上往下削出完美的八面体，再沿斜角削出另外八个切面。第二次的切割让器型拥有了一种交替的光影效果。

当我在日暮黄昏里看着滨田工作时，我回忆起在洛杉矶南加州大学的陶艺工作室，学生们已经在数小时前离开，而我在深夜中看他做陶。1963 年，我为滨田策划了在南加州大学的工作坊。他为了给次女比佐子安排

滨田最喜欢用鱼刀削割立面。

3

2、3 滨田花很长时间修整茶壶的细节。

滨田最喜欢的刻有纹理的木拍，可以通过拍击陶坯侧壁增加肌理。

一段在美国的留学，愿意暂时放下在日本的工作，而且他也很想向美国的陶艺家展示益子的制陶方法。他带上了晋作。晋作一辈子都在父亲的工坊里工作，当时一句英语都不会说。在为期两周的工作坊中，他们每日都用我们准备好的陶泥制作器皿、拉坯、修坯、接瓶颈、做把手和盖子、切割瓶身、施泥浆，就像在家一样，基于多年来积累的生活经验而工作——滨田称之为自己的根系。这是滨田唯一一次向西方人展示他在日本做陶的完整节奏和流程。

1 2

7   8

1、2　滨田用他最爱的冲绳鱼刀在罐子侧壁削出立面。

3　　削好侧壁的立面后切割底足。

4　　他把罐子平放在底座上。

5　　用金属工具修出圈足。

6　　滨田在拉制修坯用的底座。

7　　柿釉切面瓶，这是滨田最喜欢制作的器型之一。

8　　柿釉切面茶壶。

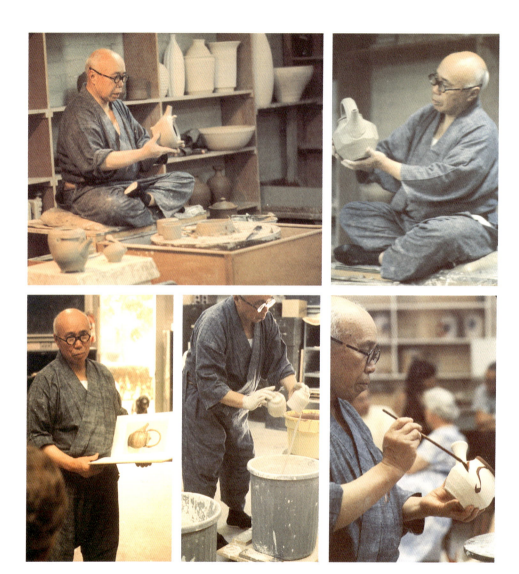

滨田于 1963 年到访南加州大学工作室。

南加州大学工作坊的首日，学生们陆续到来，等待着课程开始。滨田说："让我看看釉料。"他之前给我写了几封信，让我尝试调配在益子见到的釉。事实上，他曾寄给我一份详细的图示，教我如何把稻壳烧成灰——如果我能找到用来制作他那种特殊釉料的稻壳的话。我当然做不到。我们在炻器上使用一些相似的釉料，但那是用完全不同的材料配制而成的。我给他看了些我准备的试片，对于每一种试片，他只问一两个简单的问题：会流釉吗？要上多厚？然后他就开始工作了。如今身在益子，我更意识到了那时他有多厉害。他对那些陌生的釉料没有事先的了解，用起来却得心应手。滨田工坊的天然釉料是用草木灰和富含杂质的原料调配的，不论是釉料的稳定性、状态和施釉手法，都与美国那种精细调配的釉料大相径庭。

那些在大学观看了工作坊的人都深感折服。滨田和晋作每日安静、平稳且流畅地做陶，但滨田每天会有一两次用英文和学员交流。那是我另一次每天按他的意愿打理事务：每天早上，我要把他的和服外褂挂在我的办公室里并锁好，因为和服衬里别满了一百美元的纸币（他说那只是一些纸而已）。我要接听很多电话，安排会面，尤其是媒体的采访。

学生们每天下午四五点钟离开工作室，滨田和晋作则继续拉坯、装饰、修坯、准备泥料，按节奏工作到十一点或午夜，这才有时间吃晚饭或观光。那段时间，我看到他和此刻同样地专注，同样地耐心，对作品同样老练地审视——不满、认可、填补、在必要的地方添加，直到达成一个完美的整体。他在我的美国大学工作室中所做的事情，和他在日本山脚下自己的工坊中所做的并无二致。

这时，对讲机里突然让他前往主屋。我们沿着湿滑的泥阶而下，每一个台阶都是在地上削出来，再用枕木加固。滨田举着红色的大号手电筒，边走边照亮一些树木和花草。

我在这里已有数日，但除了几次滨田提议的下午茶会谈，我们交

滨田一边做陶一边讲述自己的故事。

流的机会并不多。他让我拜访的益子居民，我已经和他们进行了交谈，而且一直在观察。关于一些疑问，我想和他花些时间探讨。

滨田随即应道："我今晚一过八点就要走了，先坐车去宇都宫，然后乘火车去东京，再换乘去大阪。到那里大概要五个小时，五十五分钟后我要再坐火车去仓敷。大阪大丸百货的人会来取走我带着的冲绳釉上彩陶，就是这几次刚烧好的。五十五分钟足够了。然后我就去仓敷。第二天早上，我要在新的大原画廊的揭幕式上致辞，芹泽铓介设计了中国和朝鲜陶瓷馆的空间，他是我的老朋友，一位丝绸屏风艺术家。然后我回到大阪，周日的整晚我们都要熬夜进行大阪展览的布展。周一会有很多活动，庆祝仓敷博物馆建馆三十周年。

"周一晚上回到大阪继续熬夜布展。很多人会来悼念过世的大丸百货的主席，他是我的老朋友，我们以前一起画画。我们会展出一些刚收到的里奇的绘画。主席先生非常喜欢里奇。周二全天我都要参加开幕仪式。周三也就是十一日我从大阪回来。大概周四下午四点前，我们要装好素烧窑，准备好才能上釉，这一窑我还要做大概五十只茶碗。"

他罗列着自己的安排，这些在此刻都与我无关。我知道，我得继续观察、等待。

当我们到达主屋，火塘边的围栏上放着热茶和果盘。滨田太太和往常一样在拨弄着木炭和柴火，香甜的松木烟与悬在火上的铁壶里冒出的蒸汽混在一起。我们把冰冷的双手靠近蒸汽取暖，双眼被柴烟熏得流泪。滨田说他动身前往宇都宫前可以在工坊再工作半个小时。屋外下起了细雨，他意识到这会让他的陶坯干得更慢。此时已近七点，而他八点过后就要出发。

一位陌生人突然加入了我们的围炉茶会。他从东京搭火车过来买一只陶器，笃哉陪他挑了一个小时，现在等着包好。滨田静坐着和访客聊天，他本想吃点东西，打算出发前再工作半小时。忽然，外面电闪雷鸣，大雨倾盆而下。屋顶传来落雨的声响，透过火光也能看见拉门外的雨景。滨田说，枥木县的雷阵雨很是出名的。

女佣报告说我们的出租车已经在大门口等候了。滨田又多聊了几句，然后递给我们一人一把羊皮纸伞，他则穿上木屐。他仿佛忘了刚说的那些紧张的日程，自己拿起一把伞，举着红色手电筒沿着石板走下湿滑的小径。门房的灯已经坏了数日，外面大雨瓢泼。他把我们送进等候的出租车，接过湿漉漉的雨伞，一边把我们的伞收拢，夹在胳膊下，一边举着自己的雨伞，打着手电筒，用手电筒画着圈向我们告别，直到消失在我们的视线中。

这样的场景和他说他要做的所有事情，都是滨田井然有序的模式中的一部分。手电筒、告别、大阪的纪念展、仓敷的开幕……大小事件，不论是否在计划之中，都在永无止境的秩序里占有一席之位。

叙旧

滨田的西式服装挂在竹竿上晾晒，我知道他回来了。我看见他盘腿坐在门廊上晒太阳，遥望广阔的风景——山谷里金黄色的田地，城镇，远处灰蓝色的山丘。"今天闭门。"他笑着宣布道，指的是上了闩的门房大门。是的，就在刚才，我看见他礼貌但坚定地谢绝了一位沿着小路走上来的年轻访客。

滨田离开了三天，前往大阪和仓敷的展览。他的眼睛里闪烁着愉悦："展览来了好多人，我的展品第一天就卖掉了80%。栋方展出的画轴非常贵。如今他被授予文化勋章，画廊想要提价，但是他的作品太贵了，只卖了三件。芹泽的印染也很贵。我最大的碗是两千美元，对日本人来说不算极贵。当然我知道作为一件陶器，这个价格对美国人来说很贵。"滨田说到英文中"陶器"（pot）这个词时，似乎特别地回味了一番。

家宅门口放着雨伞和盆栽。

"为了给大原美术馆的中国早期汉唐陶瓷馆设计新的内部装饰，芹泽非常疲惫，但是空间非常棒。当然，旧金山的笛洋美术馆这方面也很强。"

滨田说得兴起，坐在了门廊的栏杆上，悬着双脚轻轻摆动。他决定今天休息，我意识到他准备满足我在他临行前的那个雨夜提出的请求。他叫人准备茶饮，并在屋前的矮桌前放好坐垫。这张饱经风霜的灰色木桌用途广泛，有时用来早上晾晒床垫，有时用来给客人打包包裹，有时用来插花，抑或堆放分拣院子里刚摘下的水果蔬菜。

滨田手里端着茶，开始讲起他初来益子的经历。当然，这座两万坪的院落归他所有，他估计有将近一百亩地，因为一坪约 3.31 平方米。他用手划向整个院落的地界，从五室窑另一端的大树，到道路另一侧的田地，再到晋作的房子和滨田的私人收藏馆屋后的小山，直至院落

滨田穿着的袋形长裤是用手织棉布制成的传统衣服。

最高处的八室窑和盐烧窑。

滨田是 1921 年在萨塞克斯郡（Sussex）的迪奇灵（Ditchling）产生了拥有这样一个院落的想法，那时他正和伯纳德·里奇在康沃尔郡设立陶坊，滨田负责建窑。两人像朝圣般去拜访纺织艺术家埃塞尔·梅雷，他们都非常欣赏她的作品。滨田在东京的丸善书店给她买了关于植物染的书籍。在梅雷夫人家，他们见到了英国建筑师、设计师埃里克·吉尔，随后在他附近的家中借住。这些艺术家们过着的生活让滨田叹服——自己酿啤酒，做奶酪和面包，织布，做家具，那是一种和周遭完全不同的生活方式。

正是在迪奇灵，二十六岁的滨田找到了自己的使命。他想要过这样的生活。他知道他的画家朋友们会通过展览名利双收，不过他感到自己发现了真谛。虽然道路漫长，但他毅然下定决心，并在回国后立即开始行动。

1924 年，滨田乘船从英格兰返回日本，并拜访了曾在陶瓷器试验场一起工作的友人河井宽次郎。他发现柳宗悦在 1923 年的东京大地震后也搬到了京都，于是想要介绍这两位朋友会面，便邀请柳宗悦来看看他在英国收藏的陶器。此次会面开启了三人间紧密的联系，在之后他们共同提出了"民艺"的概念和哲学，并创立了民艺馆，携手改变了当初甚至如今日本的手工艺图景，也影响了整个世界。

在介绍柳宗悦与河井宽次郎相识后，滨田动身前往益子，并决定在那里定居、建窑。他用典型的轻描淡写的口吻说，自己原本预计在益子会过得很艰难，但事实并非如此。他来益子是要向当地人学习，而他的确学到了很多。

"我刚来益子的时候，人们以为我是共产党。我的大皮箱上只有英文字母，里面装的也都是英国货，人们有时会叫警察来调查我在做什么。外乡人是很可疑的，况且我的工服也和当地不同。他们从来没有见过这样的衣服。"滨田指了指自己的袋形工作裤跟和服上衣，这和他早年穿的衣服有点相似。"村里传统的服饰是一种很特别的宽松农裤，但我当时穿的衣服来自日本的另一个地区，更加乡土气。那时候很多当地人甚至都不穿裤子，而是穿围裹式的和服。"

滨田在 1924 年前往冲绳的时候也遭遇了同样的敌意，但或许因为与世隔绝，那里的岛民比益子村的村民更友好一些。当他去制作传统陶器时，一开始仍然感受到了当地人的排斥，因为即使在那里，人们也对他又警惕又害怕。

初到益子，滨田在大塚窑做陶，虽然并非益子那座最古老的陶窑，但是与之同属一个家族。工坊只允许他驻留两个月，因为女主人说实在负担不起额外的口粮。

有个叫佐久间的男孩似乎非常欣赏滨田的渊博，两人便结下了长久的友谊。佐久间父亲的陶坊做传统家用器皿和大罐，滨田得以在那里租下一隅。佐久间家会按照滨田制作的器皿件数付钱给他，即使烧坏的东西也是如此，而滨田则学会了使用当地的材料和陶坊里的釉料。"第一年我什么都卖不出去，没人想买，不过我也没想卖，不然当地人会更怀疑我。所以我就把做的东西大多数都送给了家人，还有一些朋友。

"在很长一段时间里，益子人还是觉得我是共产党。没人愿意租房子给我。即使租到房子，也只能是很短的租期，通常是在外面的走廊里用一台借来的陶轮工作。即使后来我有了两个孩子，每年也不得不换新的地方。

"搬到益子两个月后，柳宗悦来看我。他喜欢我做的东西，也觉得我在这里很好。他在东京的一家很大的报纸上写了关于我的文章，不过益子的人当然只看本地新闻。第二年，我的一些家人想试试在银座售卖我的东西，我之前把自己最早做的陶器送给了他们。结果他们真的卖出去了，心想这样又能收到些滨田的礼物。"他笑着说道。滨田经常用第三人称讲自己的事，他说这是日本的习俗。

在益子的第一年末，家里给滨田安排婚事。日文中家族安排婚姻一词是"相亲"（見合い），由中间人安排。滨田觉得有媒人安排不错，他当初这样觉得，现在也是。由一个熟悉情况且客观的人来物色双方，并把性情相投的两个人撮合到一起，帮助彼此找到般配的伴侣，滨田说这是最好的方式。

在结婚之前，滨田找了一个熟人判断对方是否合适。他解释说，中国古代有门非常严肃的学问，训练这种直觉的判断。那时他有了结婚的打算，也认识一位精通此术并能看面相的人。那人看了滨田太太，说她会是个好妻子。滨田用英语讲了这个故事，但是坐在一旁的妻子感受到了他讲的内容，会心一笑。滨田太太的家人也找人调查了他，看他在益子做什么。他们发现他一个人生活，从一个个住处被赶出来，于是媒人认为，既然他能照顾好自己，那肯定没问题。滨田这样开着自己的玩笑。

婚事在初次见面后定了下来。媒人建议选在 12 月 21 日成婚，因为那是一年中白昼最短的一天，那之后的每一个白天都会更长。从一无所有开始，好运就会生发。

"即便结婚后，益子人也不信任我。随后的几年我们租住在不同的地方，卧室都很小，有时只能将走廊用作厨房和工作室。我们买不起房子。几年后，一家陶坊关张了，我花九日元买了六个陶轮和一些清酒。那时候一美元相当于两日元。其中的两台陶轮我现在还在使用，有一台带到冲绳去了。"

在益子居住了六年后，滨田再次前往英格兰，这次是和柳宗悦同行。他在老邦德街 5 号的帕特森艺廊举办个展，那里的墙上都挂着西班牙天鹅绒。展览的第一名客人是当时全世界最著名的陶瓷收藏家乔治·欧默福普洛斯[1]。来自伦敦维多利亚与阿尔伯特博物馆的陶瓷专家

---

1 乔治·欧默福普洛斯 (George Eumorfopoulos，1863—1939)：创建东方陶瓷协会并
   担任首任会长。向大英博物馆捐赠、出售多达两千余件中国文物，占大英博物馆所
   藏中国文物数量的 10%。——编者注

及作家 A. L. 赫瑟林顿（A. L. Hetherington）、W. W. 温科沃思（W. W. Winkworth）以及大英博物馆的罗伯特·L. 霍布森（Rober L. Hobson），都来观展并购买了作品。

"柳宗悦让我什么都别买，把钱全都给太太。我就按他说的做了，后来买了这幢房子。"

展览非常成功，滨田也再度见到了埃里克·吉尔和梅雷夫人这样的艺术家朋友。1929 年从英格兰返回日本时，他意识到如今能够更加深刻地从本质上欣赏益子——那是一种生活方式。这里不仅有做陶的材料和工艺，更有诸多其他面向——居民、乡野。他知道来这里工作是个正确的决定。

"要是想要有个住处，最好的办法似乎是迁一幢房子到我的这块地上，而不是盖一幢新的。我们之前在离益子很远的地方看过这个老房子，房主是个负债累累又酗酒的男人。第二次从英国回来后，我拿着展览赚来的钱去见了那个人。他当时还在喝酒，而且已经连喝了三天。他说如果我能付钱给他兄弟，并且把所有东西原封不动地挪走，就可以把房子卖给我。

"我同意了，然后安排迁宅。我带了二十个人和三辆运货的马车搬运大梁。房屋没有钉子，我们把部件拆下运走，然后在益子这块地上重新组建。最长的房梁有 20.1 米。当我们一群人赶着马车来收房时，那个男人正醉醺醺地坐在厨房里。友人建议我不要在他喝醉时付款，不然他之后只会不停加价。所有的工人、马和货车就在那里等着，直到房主清醒过来完成了交易。当我最初想要买这幢房子的时候，我得知主人欠了一大笔债，所以要卖房。我当时的难题是如何弄清楚他欠了多少钱，好出价买下这个房子。后来我发现这笔交易不能更划算了。

"我最终买了十幢老房子，每一幢都有六十至一百年的历史。我们用马车把房子运来，这些房子都有巨大的房梁。我们把房屋部件都堆在地上，然后开始组装。我买房子的时候总会遇到奇怪的事情。

"有一次我去见一个要卖房子的男人，他坐在门廊上，用枪筒瞄着每一个走近的人。大家都不敢和他讲话。我问他在做什么，他说他只是在清理自己的枪。后来我买下了他的房子。在买下的十幢房子里，有一幢我们还没组建起来。我希望那会是我的纪念馆的雏形。"

滨田挥了下手，示意我们起身挪到有火塘的房间。他没有一开始就去那边，说是原本还计划去工坊，所以不想让自己太暖和。但是屋里逐渐冷了起来，他想一起再吃些东西。

辉子给我们做了日式腌菜配萝卜泥和酱油，还有萝卜配红豆沙。"这个季节的萝卜太辣了，天气再冷一些味道会更好，但是我们要为特别的节日准备这些。"我们还用新鲜可口的小瓣橘肉蘸细糖吃，又吃了用腌渍过的柿子叶裹起来的特制金枪鱼寿司，以及搭配海苔和青葱的自制荞麦面。

滨田太太也在火塘边坐下，两人间弥漫着那种长时间一同生活和工作后才会有的默契。当我看着夫妇二人，即便他们分坐，说着不同的语言，我也能够感受到彼此间极致的相通。

滨田回忆着这片狭小的空间，这是整个院落的核心，他和家人在这个房间里围绕着樱木火塘生活了四十年。那把他多年前用七日元买的黑色铁壶在炭火上冒着蒸汽。他喜欢铁壶的形状，因为看起来像个柿子，柿釉就是以这种圆滚滚的水果命名的。他喜欢宽厚的壶盖和柿叶造型的设计。屋里的地板光亮，色泽浓郁的榉木餐桌在年复一年的抚摩中泛着幽微的光泽。滨田自己精心制作了房梁上挂着的铁制电灯罩，亲自设计长桌和条凳，花了二十五日元请木工制作。虽然桌子很大，但是所有人还是要分三批就餐。"你明白为什么我们不能总留你吃饭吧，等着上桌吃饭的人太多了。"

房间中的一个精美抽屉柜特别显眼，合页跟把手都是铁制的。"我看着上面的装饰就想，一定是绳纹文化的血脉让我们做出这样的东西。绳纹先祖传下来的血脉是一种精致的文化，和朴素的弥生时代不同，

工坊中的火塘四周没有围栏，陶工们休息时会坐在旁边的小木凳上暖手。

家宅客厅的火塘是访客和一家人围坐聊天的地方，刚拉好的茶碗陶坯正在火旁烘干。

这就好比阴阳一样。"这个话题突然结束，滨田转而说起，过去他会卖掉自己做的陶器来买他想要的柜子，而如今他的作品一般都比他想买的东西值钱了。

当滨田第二次从英格兰回来，开始建造这个院落时，他本想设立一个手工艺中心，同时制作陶器、家具、铁器、纺织品和玻璃等不同品类。他仍怀揣着这样一个充满智慧的梦想，虽然尚未实现。

他曾经在装好最后一个窑室后，在窑口放了一熔炉玻璃，这样陶窑降温的时候他就可以吹制玻璃。但是每次烧完窑他都精疲力竭，所以只尝试了几年，而后决定专注做陶。他也设计并制作过一些家具，比如这间房间里的和隔壁岛冈家的，不过时间和精力都没能允许他建立手工艺社区。

"二十年来，益子人一直在笑我，他们当初不理解，现在也一样。他们无法真的理解。或许他们现在还在嘲笑我，但如果真是这样，那也正是益子人，他们本来就这样。

"要是我没来这里，估计只剩十分之一的窑还在烧制一些餐具，但或许原本就应该那样。我对这里的负面影响就是让整个镇子都太骄傲了，可他们还没做好准备。他们为我感到骄傲，也为自己骄傲，因为他们把我发起的这件事做成了。

"这就是为什么我想建立一个永久性展厅，让任何想看我的作品的益子陶人随时都能看到。或许一百个人中只有一两位想看，但那也是值得的。如今我会让器皿自己去教海，或许这些器皿自己会纠正滨田犯下的错误。或许即使看了也没人能懂，或许一百个人中只有一两位能看懂，但那也足矣。"

滨田对自己人生的价值和方向深信不疑，讲了这么多严肃的话题后，他向后一靠，打趣道："所以苏珊写什么都无所谓，因为是这些陶器在生生不息地传递着真正的涵义。"

对于当地那些早有建树的制作传统日用器皿的陶人而言，滨田在

五室窑前的小径，入口处有竹屏和益子传统老陶罐。

益子主街上神社附近的行人。

此种传统器型与釉色的大陶罐，很久之前曾是益子出产的著名品类之一，如今是滨田
客厅中的个人藏品。

益子的存在令人反感。当二十几岁的滨田来到益子时，这里是个传统
的世界，如今却不然。正因为他参与推动了当地传统制陶的变革，滨
田在过去的四十八年中一直孜孜不倦地工作，以维系自己发展出的制
陶传统。滨田用益子的传统工艺做陶，但是他做的是属于自己的器皿。
他举办展览，作品售价也比当地出产的陶器贵很多。他的名声给益子
的陶人带来新的想法，而如今的社会也不再需要他们制作的传统器皿。
于是他们选择了新的工作方式，一种不真正属于他们的方式。

　　滨田感受到传统在这个乡村以及整个日本的消逝，而他也无力挽
回这些传统陶瓷的衰落，他称这是他的益子难题。这个问题是整体社
会趋势的缩影。这促使他大量购买来自世界各地、各时代人们制作的
朴素物件，作为留给未来的遗产。他为五家致力于保存民艺的博物馆
筹款，并用自己敏锐的洞察力指导馆藏。

　　滨田联结起了两种不同的价值体系与文化——两种对待工作和艺术不同的态度。他比同时代的任何手工艺者都更好地实现了这一与众不同的事业。从他最初接触陶艺，滨田就意识到这是自己的使命，并终其一生充满激情地探索。滨田很少花时间写自己的事，他把时间和生命都献给了做陶。他花了十一年带出一位真正的弟子，并且让两个儿子依循着自己的陶艺之道，虽然他们都是与传统世界隔岸相望的新一代日本人。

　　传统的方式深植于滨田放下自我的理想，在工作中摒弃自我意识和自视甚高。他认为只有那些历代无名的民间手工艺者才真的做到了这一点，在无意识的状态下创造出美的东西。

　　滨田通过保存传统的制陶技艺和激励当地陶人延续、增建自己的陶窑，给益子带来诸多裨益；而益子人又无法完全地欣赏、理解滨田的方法，甚至故步自封——这两方面构成了滨田一生的矛盾。为了解决这个问题，滨田似乎把主动权交给了益子本身。从整体上而言，益子的陶器联结了新旧价值观念。当滨田初来益子时，当地有四十座陶窑，如今已有一百零五座。在没有政府资助的状态下，益子的陶人以一百五十年来的传统方式，使用当地的天然原料和阶级窑制作陶器，过着日本乡间的生活。与此同时，日本其他地区的家庭式陶坊，例如有田、濑户、金泽和京都地区，早已不见往日的生产规模。益子陶瓷的确良莠不齐，但重要的是，整个村镇都在活跃地制作陶器。

　　滨田太太又给我们端来了各种食物让我们品尝，其中还有几杯新鲜的酸奶。滨田家每天自制三十杯酸奶，用的是几个月前保加利亚使馆送给他们的培养菌。大家都喜欢尝试用酸奶搭配不同的甜品，在英国学习玻璃工艺的小儿子还为此寄来了石楠花蜂蜜。

　　滨田盛赞着太太的厨艺。他们刚结婚的时候，滨田回家后会告诉妻子自己想吃什么，因为他们两个人的饮食习惯不同。他会描述一道自己钟爱的菜品，仅靠语言描述本应很难复制的口味，滨田太太却得心应手。

比佐子此时也加入了炉火旁的谈天，她说父亲曾让母亲烤一种口味独特的肉馅饼，那是他在英格兰生活时第一次吃到的东西。母亲这些年来一直按照他的描述制作这种食物，尝试了很多次，不断改良后终于做出了滨田喜欢的味道。在最近一次的国外旅行途中，全家人一起吃了这道菜的原版，大家都认为滨田太太的做法更加美味。

1966 年的时候，滨田太太原本不想去美国，但是大家都在谈论着旅行，她也最终决定同行。她没有准备特殊的和服，只带了日常衣物。她认为用筷子吃饭比用刀叉更加可口，当她第一次睡在床上时，生怕掉下来。在洛杉矶的一个农夫市集，我们一起去考察食材，滨田太太对她最喜爱的黄瓜非常失望，因为美国的品种大而无味，不像日本的黄瓜，种类繁多又清脆鲜爽。说起这次旅行，我笑着回忆起她从纽约打来的临别电话，她讲日文，我说英语，但我们都听懂了彼此。

她用过陶轮吗？"有一次在冲绳，我趁滨田不在工坊的时候试过五六次。每次用完后我都清理干净，以免被他发现。但是有一次他发现抹布留下的痕迹跟他自己的不太一样，我就这样露馅了。他训了我一顿，后来我再也没用过，只有那么一回。"

但是滨田希望她从事纺织。在日本，农妇常常自己纺织日常布料，用于为家人做衣服，也自己缝衣服。滨田在设计主屋的时候，原本在壁炉上方加了烟囱，这样烧火时烟就不会熏到计划放置织布机的二层阳台。当他意识到滨田太太没有时间织布的时候，才加建了这个火塘。滨田太太总是忙着照料客人和孩子们，最多只能自己缝缝衣服。

直到战争结束的那些年里，她都没有属于自己的住处，也没有时间旅行或休息。甚至在宝贵的新年三天假期中，滨田家都要招待一年到头帮忙做事的工人和佣工，滨田太太则要忙前忙后地做吃食。日本妻子三四十年无休地劳作是很普遍的。如果直白地翻译滨田太太说的，妻子就是要"为君而死"，意思是妻子的精神应属于夫君之下。滨田太太说，日文有句俗语，年轻时从父母，而后从夫，老了从子。

滨田一边工作一边与客人说笑。

　　很早以前滨田就在夜里做陶，因为那时候就常有访客。战前他们最多留过十名访客过夜。招待客人不仅仅意味着上茶，还要提供夜宿。滨田太太和小儿子睡在客厅旁的小屋，哥哥们睡在火塘边垫高的地板上，女孩儿们则睡在厨房。直到战争结束，滨田家每晚都有访客留宿。

　　每天第一班列车早上六点抵达益子，从车站到滨田家步行需半小时。滨田太太的生物钟告诉她几点该去开门了。另一班火车晚上十点抵达。如果客人们夜里到访，就要在此过夜，长谈到很晚，他们就寝后滨田再去工作。如果客人早上抵达，一天都会待在这里。所以从一开始，做陶的时间就只有深夜或早饭前的清晨。

　　如今大多数人开车来，火车班次也更频繁了，所以人们不会待那么久，但是来访的人数却更多了。滨田太太说，她之所以嫁到益子，原因之一就是她喜欢花草乡野，而非生意社交。她觉得滨田和她很配，因为他只做东西，不"卖"东西。

　　"我太太说她不喜欢人，"滨田打趣道，"但是所有人都喜欢我太太。"

　　突然间，滨田严肃地双手合十，向前倾身。"我永远不会为我的作品感到骄傲，要学的东西没有尽头。我不想浮在表层，而想深深地沉入最深处，于我所在之处沉得更深。有些人想要在水面游水玩乐，下潜一点再浮上来，把头伸出水面，如今的我只想潜向深处。有时我想，我不要再见任何访客了，但我知道，毕竟少了这些人会很孤独。"

　　滨田这天没有做陶，而是和工人们聊了天，也见了些访客。能拿出这么多时间招待如此多的访客，证明了他的善意与慷慨。这也是作品呈现的一部分。但是有多少客人只是说说自己曾经来过，或者仅仅因为滨田荣获了日本最高的荣誉，这都不好讲。很多人对滨田、他的作品以及制陶所知甚少，可以说那样的拜访毫无价值。但是他还是把时间分享给所有人，也会根据谈话中对方所表达的兴趣程度加以区别对待。对于外国访客，如果他们能讲日文，滨田也会参考对方携带的介绍信或者他们的介绍人。

滨田慷慨地带客人参观自己的收藏，从大量藏品中挑选几件阐述。

给予，工作，反思，重复——这样周而复始的循环，体现着这些年来居于此地的他对内心理想的追随，这就是过去几个小时中滨田所讲述的。这好比身为一位老师就需要讲话，但不止如此。他喜欢他自己，以及自身的生活方式，两者形神合一，这也意味着他无法用另一套模式对待客人。他记不住名字和长相，但仍旧尽职尽责地招待无休止的来客，带他们看作品。如果只有几个人为此感动，那也足够了。

他一下午都跟家人、德博拉和我在一起，先在屋外，后来移步室内。他一直都想待在外面，因为他原本计划再去趟工坊，但最终没去工作。他似乎很高兴能把这几个钟头的时间挤进日程，和家人在一起。他知道对于围着大桌子做节日年糕的女孩子们而言，这意味着什么。当然还有在一旁玩耍的孙子们，还有我们，以及他自己的休整。

唯一能看出滨田因为想抽身离席而感到局促的时候，就是坐在火塘边时，他不停地盘弄着手指，或者双手不停地摩擦。这是他准备好拉坯前常做的动作——安静地盘腿坐在陶轮前的坐垫上，碰触陶泥前仪式般地来回活动手指。此刻，他在火塘旁，笑着回忆往昔，边讲故事边叫来各种不同的食物让我们品尝。我看见他摩拳擦掌地想要去工作，这让我意识到，他把自己的时间作为一份宝贵的礼物送给了我们。

釉上彩绘

每当遇到光线充足的好天气，只要有时间，滨田就会面向山谷的景色，坐在主屋的门廊上画釉上彩。从这里他能越过稻田遥看益子灰绿赭石相间的山峦。每隔几天，他就坐在这里用低温釉上彩绘制约三十件已经釉烧过的器皿，之后会在一个特殊的窑里进行第三次烧制。

每批陶器中都有一些是在冲绳做的，多年来滨田每年都会去那里工作几周。他喜欢冲绳陶泥的不同质地，暖白的化妆土，还有用珊瑚灰和

1

2

3

1—3

滨田在自己陶窑釉烧的炻器和一些在冲绳制作的特殊作品上绘制釉上彩，之后会将它们第三次放进陶窑烧至 700℃。

1

3

2

1、2　使用冲绳陶泥和釉料制作的器皿，釉上彩在滨田自己的窑里烧制。

4

3　滨田私藏的早期在冲绳制作的釉上彩陶。

4　釉上彩炻器。

米糠灰制作的釉料。这些陶器被运回益子，因为产量稀少而定价高昂，它们只会用作釉上彩绘。还有一些要绘制的器皿是他自己的窑里烧制的炻器，经过特别设计的空白处只上了透明釉，用来衬托彩绘图案。

他的坐垫放在门廊上，周围是准备装饰的陶器，盛放釉上彩的研钵和研杵堆在周围。他用的颜色有草绿、深琥珀色和独特的九谷红。

滨田像往常一样盘腿坐下，把一件陶器放在转盘上开始彩绘。他同时绘制两件作品，盯着一件，计划着另一件，放下一件，拿起另一件加上一笔，深思熟虑又随性自得。他整体打量一件作品，在空中挥动着拇指或毛笔，然后把蘸满颜料的笔尖对准作品，做好下笔的准备。有时他会突然停下，什么也没画，放下作品再做考量。

在釉烧过的器皿那光滑的表面上涂绘釉上彩湿粉颜料并非易事。釉面上的颜料不论干湿，都容易脱落。釉上彩会在釉面上轻微凸起，

滨田端详着手绘图案，当他不需要看细节时，便把眼镜推到额头上。他继续愉快地画下去。

因为烧制的温度较低，刚过炽红的热度，成色才会鲜艳。釉上彩的性质与釉料相比更像颜料。无论如何这都是巨大的挑战。

"我没给图案起名字，没有这个必要。"当我问他关于一个之前从未见过、反复出现的星状红边绿里的釉上彩图案时，滨田如是说。虽然鲜艳的彩绘从釉面上脱颖而出，但滨田的图案似乎与器型完美地融为一体，就像色彩斑斓的拼布棉被一样。

拿起一件大型器皿时，他会多端详一阵。有时他会把玳瑁眼镜架在额头上，或是戴在眼前，似乎戴在哪里并不重要。当滨田绘制大盘或花瓶时，下笔的一刻，仿佛笔触自己知道沿着哪个方向移动。釉上彩是不可逆的，每一笔都很重要。线条不会融进釉里，烧制过程中的意外或者落灰也不会让表面糊掉。

烧好的釉上彩将在原始釉面上呈现出醒目的色彩和质地。在烧制前，黏土状颜料的颜色则要灰暗得多。在绘制的时候，滨田必须要想象这种黏土颜料最终会变成多么浓郁的颜色。他要用心中的双眼看到烧制后的彩绘在灰色或褐色的釉面上会呈现出什么样子。滨田这方面的精湛技艺无人能比。

每画完一件作品，他就把它放在身边，彩绘的地方不能碰到，否则颜料会剥落。完成的器皿不会被挪走，因为他要继续端详一番。大多数的彩绘设计都是我见过多次的熟悉图案，直到他在一个方盘子上画了一个几何纹样。虽然我没有发问，但是他笑着说："这个灵感来自美洲印第安人。"

釉上彩颜料的防沉剂用的是茶汤，也会让颜料更好地附着在光滑的釉面上。他时不时地用杵在瓷制研钵里搅拌颜料，偶尔加点茶水增强黏性，防止沉淀。当器皿上好一种颜色后，他要等到颜料干燥后再绘制另一种颜色。他轮流绘制不同的器型，大小形状不同的器皿相互交替，给彩绘加上一种节奏感。这样一来，动作的韵律和时间的节奏升华了整个制作过程。

滨田的釉上彩颜料是在京都磨好的，但是他会自己用研钵再磨几遍。

　　每位陶艺家都有自己釉上彩的秘诀。滨田的颜料是生产商给他定制研磨好的，但他有时也会自己调整，进一步研磨。瓷器的釉上彩颜料必须研磨得很细才能烧出平滑的表面，机器研磨的时间可能要长达三个月，而炻器所用的颜料研磨三四天就够了。钴蓝是最难研磨的。滨田说，从前钴蓝大概要手工研磨三年，通常交给双目失明无事可做的老妇人。钴料不停地被研磨，用掉一些再续上新的，这样新旧混在一起，就像陈酒一样。这时滨田提到，冲绳有些中国酒已经存放三百年了。

　　"大多数釉上彩都是在京都生产的，但是没几个人做得好，大多数人在做冒牌货。我的釉上红是我所知京都产的最好的。最近我看到了一个很好的新色色样——你知道有很多种九谷红——里面加了一点黄

正夫把准备第三次烧
制釉上彩的器皿放入
上开盖的小窑中。

小窑装满后，窑盖用
的是一只大碗。

模具印坯花瓶在阳光下晾干。

褐色，让红色更好看。我应该试试。"滨田所谓的"应该试试"当然是说他大概不会，因为那样会打乱多年来悉心绘制的成果。

等到今晚这些器皿上的红色颜料干燥后，他会在想画的地方加几笔绿色和琥珀色，明天把这些完成的器皿装进小窑，一天内烧至800℃。烧制釉上彩、拉坯、修坯、会客、乘火车出访等所有工作，滨田都有条不紊地安排妥当。一小时内，他绘制了三十件器皿，上开盖的简易窑能装两窑，一天一窑把釉上彩烧好。这批作品烧好后，他再画下一批，再下一批，长年累月周而复始，在每一次的重复中都能有所收获。

烧釉上彩的两个上开盖筒形窑的窑壁相连，但只用其中的一个。内层的匣钵能装大约十六件作品。滨田的一件素烧过的大碗切掉了底足，倒置在窑口作为封盖。有时滨田还没把所有的茶碗做好，但是大窑又要釉烧，他们就会用这个小窑先素烧茶碗的陶坯。

1

2

1　老爹坐在汽车座椅中看守釉上彩的烧制。

2　烧制过程中要定时检查釉上彩试片。

两个上开盖小窑用来烧制釉上彩，工人正在往火膛中添柴。通常每次只烧一个窑，里面可以放大约十三件作品。

　　次日上午十点开始烧制釉上彩，下午三点结束。烧窑的老爹在地上放了个汽车座椅，坐在上面寸步不离，观察窑烟、检查火焰的颜色、不停往火膛里添红松木柴。"老爹"是我起的名字，我从来没听人叫过他的本名。自从有一天他让我享受了坐在他的汽车座椅里的优待后，我们就成了朋友。他在这里已经待了很多年，从事各种零碎的工作，现在允许他给五室大窑点火。他已经掌握了如何用小窑烧制釉上彩，整个过程都由他负责，他为滨田交给自己的这份责任感到由衷自豪。

　　绘有釉上彩的试片会在窑烧红后取出，给滨田确认颜色，之后老爹会熄火。等到第二天窑温降下来，他比任何人都更迫不及待地想要看到成品。

釉上彩烧成后，滨田仔细检查每一件作品。

烧制完成的釉上彩器皿。

　　这一窑烧出来的十七件新作，都摆在室外地面的木板上，沐浴着阳光，整个上午等着周围的人来看。

　　滨田双手背后，眼镜架在鼻梁上，穿着木屐，微微摇晃地审视着这批作品。然后他猛地蹲在一件作品旁，想要近距离观看。玳瑁眼镜被推到了额头上，双手拿着罐子盘弄，用拇指感受彩绘的凸起，检查釉面的效果。视觉和触觉的特质是任何陶瓷釉面不可或缺的一部分，必须要深化到陶艺家的记忆和潜意识深处，之后才能自然地流淌而出。这就是为什么不论做了多少年，每一次开窑，陶艺家都要花很长时间观看、感受出窑的成品。这是一种必要且持久的蓄能。

　　一个完整的制作周期结束了。茶壶、印有窑章的餐具、不同的方形花瓶、方盘、拉坯成型的大罐、盘、瓶、敞口大碗和茶碗，组成了

1

2

3

4

5

成品

1、4、5　滨田以釉上彩在烧好的炻器釉面上绘制甘蔗与竹子的变形图案。

2、3　　在冲绳使用当地陶泥和白色化妆土制作的器皿，施以珊瑚粉末调制的釉料并在冲绳烧制。这
　　　　些在冲绳制作的器皿被空运到益子，绘以釉上彩图案后再次烧制。滨田的冲绳陶器最为稀少。

这批新作。

数日来，工作的节奏渐入佳境。拉坯、修坯、浸泥浆，陶坯从一处运送到另一处，晾在工坊前的碎石地上，晾在工坊后屋的木板上，抑或晾在路旁分隔整个院落的高大防火树的斑驳树影中。

素烧窑

制作五室窑要烧制的作品花了将近一个月的时间，大多已完成。然而难以想象的是，茶碗一只都还没有做。我后来才知道，之后几周会不停地做茶碗，直到釉烧窑的最后一个窑室装满、封窑。

在工坊里，正夫用陶泥片在石膏模具上压制最后一批方形瓶。这是工坊重要的收入来源，正夫特别擅长制作。他用锋利的尖头锐器在泥片上切出不同尺寸的方瓶所用的裁片，就像剪裁衣裙一样。两块模具里各放一块泥片，大一点的那块模具比窄一点的模具所用泥片长一些，瓶颈用几块单独的泥片，接缝处使用粗泥条。他把泥片压进模具不同的位置，接口黏合处用泥条加固，最后加上底足。两块压好泥片的石膏模具被紧紧地合在一起，像拼拼图一样压紧接缝。合上的模具被绑紧，直到里面的陶坯干燥。正夫同时制作四个模具方瓶，做完后休息一下。

陶坯干燥到恰好的程度时脱模，如果在模具里放太久，就会开裂。正夫对整套严格的流程熟稔于心，完全不会失手。这几周来他已经制作了几百个方瓶，现在做的是最后一批。冈在揉泥，准备再拉些大盘子。晋作又在做茶壶，篠崎也在拉坯，这是烧窑前最后的忙碌。

几天来，工人们都在把要素烧的陶坯从山坡上的工坊运到下面的五室窑那里。下坡的石板路被秋叶笼罩，泥地上铺着湿滑的草垫，穿过湿漉漉的草丛，水滴从高大的竹林间落下。这好比乐曲间短暂的留白。的确有别的路也能把这么多陶坯从工坊运下坡，但是这条路更好。

1

2

3

4

正夫是在滨田陶坊工作了很久的陶人之一，只有他能用滨田做的模具制作印坯扁瓶。

1　制作扁瓶的第一步是把泥片分别压入对分的两个模具中。

2　两块模具贴合后倒放，沿泥片边沿盘泥条。

3　在第三块模具中压制瓶底，倒转模具使瓶底与瓶身黏合。

4　模具保持合紧，在瓶口处盘泥条后拉成瓶嘴。

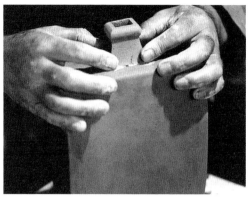

1、2　正夫在印坯陶瓶上切口，与在另一个模具中制作的瓶颈黏合。

3　　　正夫为另一个印坯瓶添加瓶颈。

4　　　可以烧制的餐具陶坯。

工人们会花相对悠闲的几天把做好的陶坯从工坊运到五室窑装窑。

沿着小径，搬运着陶坯，在之前繁重的制陶与之后繁重的烧窑之间，这几天就算休息了。

几日来，大家一直在烤火或喝茶的时候讨论素烧的时间，但是日期一再拖延，因为总还有要装窑的陶坯。

终于到了要装素烧窑的时候，这是做好陶坯后的第一次烧制，耗时几天几夜，要不停地添柴、查看、等待。缓慢的长时间素烧能够去除掉陶泥中的结晶水。升温必须慢，以防炸裂，烧到1000℃后，陶坯达到一定硬度，得以进一步加工装饰，但仍具有足够的吸水性，能够吸附液体釉料。上过釉的陶坯会再次入窑，进行第二次温度更高的烧制。在1300℃的高温下，神秘的化学变化让粉末状的釉料变得色彩绚烂、质地光滑，使冷却后的陶器表面附着一层坚固、致密的釉面。

五室窑的确看起来像条龙，正如作家们对古老东方阶级窑设计的描述。窑的底端是巨大的焚口，从此处开始沿 30° 角依次排列带有圆顶的隧道状窑室。整座窑的外形随每一间窑室的拱形延绵起伏，由浅黄色耐火砖搭建，表面用泥浆抹平，每一个拱顶都有排烟孔。

每一间窑室内部，从一端的门到另一端的添柴口长约 1.9 米，宽 1.2 米，高 1.5 米，人要弯着腰才能站在里面。窑壁上挂着厚厚一层多年烧窑的柴灰形成的光亮釉面。每一间窑室内都有一个入口，装满后用砖封上。整座窑从底部的火膛到顶部的烟道，总长约 9 米。

在山坡上的工坊屋后，还有一座更大的八室窑，能烧七千至八千件作品。这座窑建于 1943 年，那时滨田已经能够熟练烧制五室窑，便想要挑战自己。他认为每当掌握了一件事，就应该开启下一个目标，这样永远都在学习。如今这个大窑很少使用了，因为把它装满需要太长的时间，除非有特殊的大订单，一年或许会烧一次。为了让工作的节奏更加畅快，还是多烧几次五室窑和两个盐烧窑为好，以及一年多

还未装窑的五室窑。窑室前堆放的砖块用来封住窑口。

工人将陶坯运下来装窑。

将陶坯装窑准备素烧。

冈在装素烧窑。

次烧制釉上彩。

五室窑沿山坡上升的走势而建，狭窄的土路和窑的四周都摆满了陶坯，无处下脚。有的窑室里放置着陶架，陶坯正被装进窑里。工人们把陶坯传到山坡上，交给篠崎和正夫，两人弯腰进去装窑。窑室内沿着纵深的方向在地面上留出一条空道，以便烧制过程中往里面扔木柴。

头几天装窑的节奏比较舒缓，因为工坊还在制作并陆续运来陶坯。随后节奏加紧了，所有人一起把数百件陶坯装进窑室。接力传递的陶坯在山坡上川流不息，最终被放在正确的窑位，工人们时而起身，时而俯身，拿起放下，依次传递。装窑的方式看似无序，实则默默遵守着计划，依据对每个窑室不同温度的经验谨慎操作。

第一个窑室装满封窑后，虽然其他的窑室还没装好，窑口已经点

1

2

1   窑边沿着山坡摆满了放在木板上的还未素烧的陶坯。

2   烧窑的老爹在给预热的窑火添柴，预热时要用落叶缓慢生火，待陶坯里的水蒸发掉
     再添木柴。

燃了预热的小火。秋日干枯的落叶被耙到一起,从山坡上下各处用兜子拖到焚口,在那里生火再扇灭,让木柴炭化。枯叶形成的慢烟最适合烘干窑里的陶坯。工人们拿起耙子,到竹林里继续耙叶子,然后用草筐运来。

预热的火焰在噼啪作响,陶坯继续被装进其他几间窑室。在一间窑室里,约一百件大罐子放在高处,饭碗口沿相对地摞在一起。除了一些用来支撑其他陶坯的器皿,其余的陶坯都单独摆放。陶坯件之间留有空隙很重要,这样湿气才能有效蒸发。第二和第三座窑室的火眼里飘出了烟。窑装满了,男人们找来砖块封住每一间窑室的入口。筛过的沙子被铲到窑门处与水混合,然后工人们迅速用泥沙把砖门封住。

天气干冷,在焚口扇炭火的年轻男孩把湿毛巾用火加热,拧干后用温暖的毛巾擦脸和双手。然后他沿着窑边走动,观察每一间窑室的出烟,推算着什么时候在火里续些叶子。

工人们排队从山顶把储存的木柴背下来。他们把木柴堆在窑边,再回去取柴,直到每一间窑室都有足够的柴火。最重的原木用货车运下来,垒在窑口为添火做好准备。所有的木柴都会在烧窑过程中用完。前三间窑室的缝隙中喷出柴烟。看火的男孩根据窑烟的情况加了些干松针。柴烟混合着潮湿的陶坯和窑里挥发出的水汽,在空中蒸腾,环绕着陶窑的稻草屋顶,让四周的空气中都弥漫着黑烟和潮气。只有紧挨着焚口的第一间窑室热了起来,其他窑室还是冷的。给窑预热在整个制陶流程中是一件要小心翼翼完成的艰难工作。

工人们都去吃午餐了,只剩下男孩一个人拿着管子往地面和落叶上洒水,直到山路上的沙土碎石变得泥泞,对面的落叶、草丛和树干也都被打湿。从窑旁的房舍直到门房,一路都要洒水,因为干燥的秋天易发火情。

直到今天夜里,素烧窑都要缓慢预热,明天整个白天和夜里升温,第三天降温。滨田说之后上釉要花三四天的时间,釉烧再花两天。这

1

2

1 窑尾的烟道处可见预热时的烟和蒸汽。

2 陶窑底部生起的预热窑火已经通过顶部的烟道排出浓烟。

3

4

3　开始在窑室两侧添柴后，烟道冒出了浓烈的火焰。

4　随着陶窑预热，烟道排出浓烟和蒸汽。堆在窑室旁的木柴之后会从两侧添入窑中。

是原本的计划，但我现在知道，这些计划只是为了计划本身而设定的，并不总要遵守，还要看期间会发生什么样的事情。

素烧的第二天，窑口的烈火被封住，第一间窑室已经炽热，是时候升温到 1000℃了。两位工人站在窑的两侧，把六十至七十五厘米长劈开的原木从两侧扔进窑室，虽然看不见彼此，但步调统一十分重要。窑室内火星四射，烈火沿窑内空间走势燃起，却不会直接烧到陶坯。这两个人每十分钟往里面扔进约五十块木头，火势熊熊而无烟，窑口的外壁摸起来还是温热的，里面是烧红的木炭。

看窑的老爹坐在窑口旁的汽车座椅上抽着烟斗。垒在窑口的原木

1   在火膛中添火。

2   连续添柴后，火膛里已全是木炭。

已经都添入窑中。接下来，搭伴的两名工人要继续把其他几间窑室升至理想温度。

在窑的末端，烟道冒着湿润的热气。整座窑的排气孔都蹿着火苗，火焰舔舐着防火砖。如雕塑般延绵起伏的陶窑，坡底的窑室已经炽热，坡顶仍旧冰冷，封住最上面两间窑室门的泥沙还是湿润的，说明底部与顶端有巨大的温差。烧制这种多窑室的柴烧窑有着各种艰巨的困难，大多数西方陶艺家都无法驾驭。

老爹不停地拔出窑壁上的塞子，检查窑内的火势。他将一个专门为添火孔制作的圆塞弃用了，先是找了一个口沿有磕碰的滨田制茶碗，把底足朝内塞进洞里。后来他换成了一个老旧破损的素坯塞，之后又换成了一个形状不规则的砖块，但是它掉了出来，于是他又用回到最开始的圆塞。他是在自娱自乐，还是的确想让一些空气从这个下层添火孔流入？这种问题从来得不到答案，这也说明，在整个制作过程中，每一个个体都是重要的一环。

窑室顶部相连的凹陷处有很多破碎的陶器，老爹从里面捡出不同的残品，试着塞进添火孔里。随后他又去仔细挑拣堆在窑边的碎砖，拿起一块，看看另一块，想要找到一块适合塞进圆孔里的。他似乎特别享受这重要的寻宝活动。

木柴被抛进窑室的钝音伴随着火焰的噼啪声，添火的间隙周遭又一片宁静，时而从头顶传来竹林摇曳的沙沙声。天气阴冷潮湿，陶窑周遭的土地湿润，前一天生火剩下的湿漉漉的落叶堆成小堆。工人们安静地徘徊，检查火势，轮流肩负起往窑里添柴的重担。

风起叶落，窑棚的草顶像个背部隆起的动物伏在一条毛毛虫上。每一个窑室要进行一个半小时的间歇性添柴，不停查看火势，达到理想温度后封起，然后工人们开始给下一间窑室添火。第二天下午五点半，整个烧制过程结束。晚上八点，窑壁摸起来已经冷却。辛苦的工作结束了，但是没有庆祝。这只是开始，之后几天要继续上釉，而后是更加攸关成败的高温釉烧。工人们彼此点了点头，各自离去。

次日是星期天，陶窑已经降至可以开窑的温度。上午十点，陶窑周围一片寂静，带着露水的叶子落在潮湿的土地上。窑顶的烟道还在排着温热的空气，但整座窑的窑壁摸起来已经冰冷。降温过程已有十八个小时，但如果此刻就打开底层的窑室，可能会导致过量冷空气流入，使陶坯炸裂。休息，也是这里工作节奏的一部分，况且今天还是日本的特殊节日。工人们都和家人在一起，滨田在京都参加河井宽

降温数日后，滨田和一位工人向窑内窥视，检查是否可以开窑取出素烧好的陶坯。

次郎孙女的婚礼，所以没有必要着急开窑。不过这真是和平日忙碌的
工作状态大相径庭。

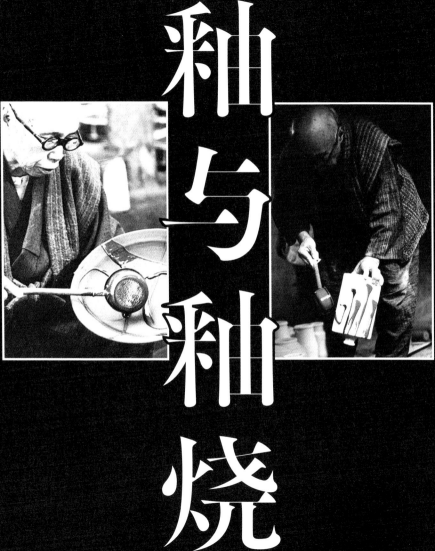

釉与釉烧

1

2

1　釉料用木桨搅拌成釉浆，准备上釉使用。

2　釉料上釉前都要过筛，去除结块。

周一早上，人们开窑取出了几百件素烧好的陶坯。忙碌的工作又开始了。工人们取出陶器和装着火山碎屑岩粉末、又大又沉的罐子——这些粉末在窑里钙化后用来配制柿釉。冈、正夫还有烧窑老爹从窑口到山脚下组成接力，把陶坯传给下一个人再返回继续运送。

一旦有陶坯被放在了山脚下的木板上，两位工人就迅速拾起掸灰。素烧过程中柴灰落在了坯体上。这些落灰坚硬地附着在陶坯表面上，必须使用在竹棍一头捆上碎布条做成的掸子手工除尘剥离。美津子挥舞着掸子，用竹柄刮掉落灰，她坐在一块木桩上，像是在玩游戏一样从一块木板蹲跳着移到另一块，拿起上面的陶坯，可劲儿掸着灰。

配釉

工人生火烧热了一桶五十加仑[1]的水。在路旁的陡坡上有两个大橡木桶，人们要把大罐子里的火山碎屑岩粉末倒进去，同时通过一个水管往木桶里注水，以便减少倾倒时腾起的粉尘，然而一大团橘红色的粉尘还是把我们团团围住。正夫用铲子搅拌着釉桶，热腾腾的开水从炭火上的大铁桶中舀到木桶里，热水会让釉粉更好地混合，这是配制柿釉辛苦过程的第一步。滨田和益子的陶人正是以使用这种浓郁的天目类铁釉而著称。用坚硬的火山碎屑岩制作釉料让我深感艰辛，毕竟大多数西方陶艺家都是购买现成的原料。但对于滨田和工人们而

以暗色岩粉末制成的柿釉容易沉积，需要不停搅拌。

1　加仑：一种容（体）积单位，1 加仑 =3.785412 升。

柿釉必须上得很厚。

言，这也只是日常的一部分。火山碎屑岩在镇上的合作社用机器磨细，再用传统方法钙化。火山碎屑岩的粉末被倒入大桶与水搅拌混合，再从一桶中过筛到另一桶，整个过程四周都弥漫着浮尘。这个过程要持续几天。即使这样，釉粉也很快在桶底形成坚固的沉积层，要在使用过程中不停搅拌。

这种著名的益子柿釉烧制后呈现出浓郁的亮光红棕色，散发着难以形容的光泽。釉色因似成熟的柿子而得名，据说柿子在每年的 11 月 24 日熟透，色泽也最佳。益子陶人多年来一直使用这种当地岩石制成的釉料，柿釉也是辨别益子陶器时总会用到的方法。滨田通过先施加一层石灰石透明釉改进了柿釉的效果，如今其他陶人也这么做。

滨田在上釉，身旁的孙子们在给滨田昂贵的花器上釉，这些花器烧好后归孩子们所有。

所有的釉都很难配制。米糠灰釉使用田里烧过的稻壳，研磨后洗掉杂质，仍旧不容易与水混合。有些上次用过的釉料已经干硬，要从工坊的储藏室搬到窑边，敲碎后再与热水搅拌。把这些含有杂质的有机物制成可用的釉料需要很多准备工作。滨田基本上只使用五种天然材料配釉：火塘里的硬木烧成的灰，火山碎屑岩，米糠灰，以及含有杂质的石英和石灰石。通过不同的配比，这些材料会呈现出透明、半透明或不透明的白釉，添加铁、锰可制成黑釉，加入铜可以产生青绿釉色。

工人们在调和新釉，也把老釉从储藏室搬出来，同时打理好陶窑以备下一次装窑。此时滨田说，他要做些茶碗。这项工作不太依循周密的计划，他似乎很享受从完整的流程中跳脱出来制作茶碗，等到其他的器皿都素烧完准

1

2

1　上釉期会临时雇来几位工人。女工正在清理素烧坯上的柴灰。

2　工人在陈釉中加水调至适当的浓稠度。

滨田工坊外的木桶和铁桶中装着液体釉料，冬天表层会结冰，要用铁锹松开才能上釉。

备釉烧时再做茶碗的陶坯。茶碗在日本具有非同寻常的历史和文化意义，对滨田自己亦是如此。不过，这一窑的茶碗一只都还没做。釉烧前的准备继续着，工人们各自忙前忙后。大家都知道，此项进展停滞不前，就是为了等滨田找到做茶碗的感觉。

制作茶碗

一天早上，滨田突然说他要做茶碗了。

他知道我为此已经等了几周，有好几次，他都说今天可能会做茶碗。陶轮旁的热水和揉好的陶泥总是准备到位，但有时他的情绪不对，

1

2

1　滨田在手动陶轮上扶正一大块陶泥。

2　他在拉制茶碗的过程中开始提泥。

有时则太忙了，抑或心里惦记着别的事情。有一次滨田说，等他从大阪回来后就想做茶碗了。晋作听他这么讲，说如果滨田夜里拉坯，他会给我的旅店打电话。结果还是落空了。

　　为了保持好的节奏，滨田试图找到一天中最适合自己从事某项工作的时间。例如，深夜和清晨适合做茶碗；在一天的节奏就绪后，傍晚前适合上釉。"在最合适的时间就能做出最好的陶器。"茶碗是滨田作品中非常重要的一部分，他选择留到最后制作。

3

4

3　他用手指给茶碗塑形。

4　用木质刮片修饰外壁，最后从底部把陶坯割下。

　　要做一只茶碗，意味着不要想着要做一只茶碗。他总是先想想其他。我们先出去看工人修葺滨田家宅的茅草屋顶。屋顶每六十年要换新，每十年要修整。两位工人已经工作了几个小时，运来长竹竿和松木板搭建脚手架。他们用绳子在竹竿交叉处打结固定，一边搭建一边往上爬。茅草成捆堆在地上，这种修葺房顶用的特殊茅草是在后院种植的，我们去那里看过，滨田在那儿盖了间小房子，给一位生病的朋友住。滨田好奇在美国是否也有这条小径上生长的紫花，我想没有。

滨田在拉制一只夏季茶碗，比冬季茶碗要宽一些。

我们在堆满落叶的花园里走下小径，端详着一棵三处有精心嫁接的树。不知不觉中，我们就到了工坊。滨田平静地在陶轮前坐下，说冈的父亲得了一次中风，自言自语道等冈离开了，是否要再收一名弟子。估计不会了。

年轻的助理已经花了将近一个小时揉制一长条陶泥，先用手掌压成小块，再卷成一米长的粗大泥条，把一端拉向中间，双掌向着木制揉泥台面再压下去。终于陶泥可以被割成泥团，像做肉桂卷一样揉成蜂巢状的锥形准备拉坯。

滨田刚盘腿坐在陶轮前，突然起身说他忘了一件事：他得挑几只碗带去东京。他的腿不长，脚够到地面上的木屐，就和年轻的助手离开了工坊。几个小时后滨田才回来，这当然对于挑选几件陶器而言太久了。他带了客人来观摩拉坯。

他用木棍转起陶轮，在转速下降前拉了六个来回。陶泥没有完全在中心，这是他有意为之。他用左手在泥团顶部开出一个形状，随着茶碗成型，他试图拉得偏离中心一点，在碗壁上拉出不规则的螺纹。他偶尔会用手掌和双指在左侧轻推一下陶坯，让茶碗偏离中心，产生器型的扭曲或不平整的口沿。

滨田一边和助手打趣，一边向客人解释自己如何使用双手。当他们离开后，他降低了音量，换了一种口吻说起友人河井宽次郎和他写的诗，以及他们曾经一起做过的事情。陶泥似乎不假思索地就变成了碗，滨田说，这就是该有的样子。

对于滨田而言，茶碗以及围绕其形成的哲学至关重要，这也是做陶的关键一环。就像滨田在我初来时给我看的那只波斯小碗，它是在随性而无我的状态下制作的。制作茶碗的唯一途径，就是像朝鲜或其他国家的陶人那样，在对茶道一无所知的情况下做碗。滨田在做茶碗时避免把自己想象成在做茶碗的日本人，他试图像那些陶人一样思考。

柳宗悦的卷轴

柳宗悦曾写过很多关于茶碗的重要文章，他是滨田的老朋友、导师，两人数年前同河井宽次郎一起开创了日本民艺运动。柳宗悦认为，茶碗分五类。第一种是朝鲜陶人制作的朝鲜碗，属上品；第二种茶碗出自优秀的陶人之手，却是由拙劣的茶人设计的，比如初代乐烧陶人大概做了五个上好的茶碗，如今的第十五代一个好茶碗都做不出来了；第三种茶碗是从朝鲜或中国订购的，那里的匠人不知道他们做的是茶碗；第四种碗来自欧洲或南洋，被茶人选中，也就是说，这只外国产的碗原本有其他用途，而后却被茶人发现用作茶碗；第五种，滨田的茶碗。什么是滨田的茶碗？柳宗悦说，有些是好的，有些不好。

柳宗悦给东京的日本民艺馆写过一个卷轴，内容是他会给什么样的人，以及不会给什么样的人点茶。滨田背出了这些文字，虽然中间被访客和电话打断几次，但当他回来时总能从打断的地方背起：

（柳宗悦）发自内心会为如下之人点一服茶——舍身之圣徒、僧堂之行者、心澄比丘尼、求道之居士、清贫之道友、迟暮之佳人、诚实之青年、深情之娘子、不媚之主人、俭朴之农人。

（柳宗悦）不会为如下之人点茶——爱财如命者、伪冒茶家元、白面茶坊主、取巧小茶人、茶道之瘾者、鼠目之狂者、傲慢之学士、铺张女主人、贪婪之商贾、谄媚之小人。

滨田的陶艺老友河井宽次郎曾说，滨田有"三条腿"，让他站得挺拔稳健，这是形容他的茶碗。

晚上六点半，滨田被喊去吃晚饭，此时他已经拉了十五个碗，但今天真正在陶轮前工作只有一小时左右。

滨田拉好一只茶碗后将其从泥团上割下，然后把它和晾坯板上的其他陶坯放在一起。

　　次日清晨，他又开始工作了。一团泥拉了五个不同的碗。扶正陶泥用了几个来回，其间要多次用木棍给陶轮加速。他在泥尖开孔，扩出了第一只碗——身体正对陶泥，陶轮顺时针旋转，左手手指与手掌在外侧托住泥坯，右手由内而外顶住左手打开碗口，最终用木刀在侧壁上划出一条线。滨田有时伸平手掌拉坯，而西方陶艺家通常使用指侧拉坯。

　　修整较薄的碗口时，他将一块柔软的布料夹在指尖，随着陶轮的转动轻压陶泥。拉好的碗用丝质割线切断底部，再用一条竹片从泥团上取下，湿软的陶坯会因此变形。他把陶坯重重地放在一块木板上，半干时再整形，但总会有点不圆。

　　有些茶碗是较高的直筒形，有些浅阔，有些收口或口沿轻微外翻；有些宜于双手合捧，有些适合端举碗足；有些饱满，有些纤瘦；

滨田在修好一只茶碗后感受碗壁与碗足厚度的关系。

但是每一只茶碗都拥有美好的体量感和生命力。滨田一边拉坯，我们一边探讨茶碗作为一个整体的重要性。他沉思着说，茶碗并不是最重要的，但是很多人都喜欢茶，所以其中就会有人喜欢茶碗。他不愿再过多强调什么。他说他自己也喜欢茶，所以花很多时间做茶碗，"但是有些人做花器，也会更欣赏花器"。

我几次提及茶碗似乎非常重要，滨田没再说什么。是的，他喜欢茶碗。美国人不真正懂茶，所以或许他们理解不了茶碗。这一切都基于对茶的喜爱，至于我想让他用言语说出他无意表达的内容，他也很有耐心——其实他昨天已经告诉了我茶碗的重要性。

德博拉问，如果她是名日本人并且想要买一件大师的作品，茶碗难道不是最能体现陶艺家的个人精神的作品吗？不一定，滨田说。难道茶碗不是承载着陶艺家无形的内在吗？不一定，滨田再次说道。我知道他的意思是，这要看陶艺家本人。德博拉说，她认为大多数日本人对茶碗有一种无法言说的敬畏感。滨田仍旧反驳道："或许就是因为对茶碗的这些敬畏感，才让它显得如此特别。那么多喜欢茶的人都对茶碗心怀敬畏。"

滨田说，于他而言茶碗是个象征，就像柳宗悦所说的——还记得他的卷轴吗？滨田试图在无意识的状态下制作所有的陶器，所以它们自然就是那样。对于茶碗而言，这种"无意识"精神更加深奥。"但如果要讲出来，就不能夸大其词了。"

继续上釉

工人们在陶窑附近的棚屋下一块不大的地方给第一批小号餐具上釉。虽然天降暴雨，人们仍在调配大量釉料。准备釉料需要数日的时间，滨田几天前把日子都排好了。素烧好的陶坯不再散落在各处，而

1 滨田用含铁颜料在基釉上画出甘蔗图案。

2 团队在滨田绘制时上釉。

3 桶里冒出的水蒸气用来给工人们在寒冷的天气中暖手。

是有序地分类摆在一起。人们聚在一个灯泡下躲雨，雨中的釉桶上盖着木板。雨势丝毫不减，但几位工人仍旧聚在窑旁泥泞的山坡这里，试图配制釉料和上釉。

除去家用餐具，还要给至少一千到一千五百件作品上釉，这是个浩大的工程。工人们动作娴熟，一刻不停。每当一块木板上放满了上好釉的陶坯，就会有人把它搬到晾坯间，或者放在窑顶上，直到有地方空出来。工人们持续工作一段时间，然后在火旁稍作休息。正如晋作所言，做陶真的是持续不断的工作，没有休假的时间，你也走不开。

这天下午，两名工人把窑里的层板取下，刮掉表面的积釉，再重新放置层板，确保稳定。每一次烧窑前（而非上一次烧窑后），人们都会仔细清理窑炉。滨田也参与上釉，持续的大雨阻碍了工作的进展。素烧后的陶坯虽然具有吸水性，但是现在被雨水打湿后，釉料就无法干燥，也无法进行滨田标志性的双层浸釉和淋釉装饰。

晋作生起了一团火，试图烘干第一层釉面。四块木板上放着滨田的大罐子，这些罐子在火边被不停地转动、移换位置，以保持受热均匀，避免局部过热开裂。晋作指挥着烘干过程，时不时拿起一只罐子观察、感受其干燥程度，有些罐子被放回去继续烘干，有些拿去进行装饰或上另一层釉。

黑色草木灰釉放在口径约三十厘米的浅盆中，需要不停用手和一个尖头工具搅拌。两大桶柿釉淋了雨水，但是并不要紧，因为液体釉料已经被舀进了其他容器，剩下的固体釉料在桶底形成了坚固的沉积层。在山上的工坊里，新的水釉以舀勺为单位配比，然后搬到山下使用。整个工序看似乏味而无止境，但操作起来无比娴熟。整个团队时不时停下来休息，围坐在火边，用一只五十加仑的大桶里冒出的水蒸气暖手。茶歇是一天中具有仪式感的休息时间，只要没有下雨，人们都会围坐在主屋前的草地上那张老木桌周围，吃东西、喝茶、聊天。

大家都在上釉的时候，滨田太太也有自己的工作。她要收拾货运

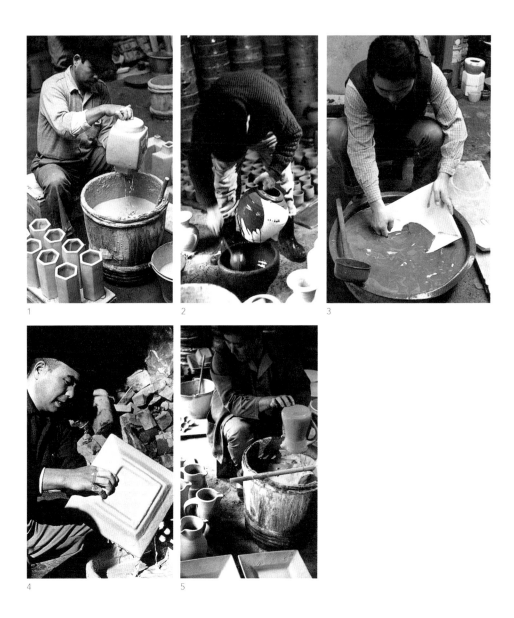

1　工人们上好底釉，交由滨田绘制图案。正夫在给一只模具成型的花瓶浸釉。

2　在一层釉面上淋另一层釉。

3　给一只模具成型的方盘浸上浓厚的柿釉。

4　浸釉必须快速，然后悬在空中让多余的釉料流净。

5　笃哉在给水罐浸釉。

木箱，分拣成筐的西洋梨和日本梨。脆爽的日本梨是这个季节家里的主要水果，似乎每天都成筐送来。她把玩着梨果，端详着成色，分装在不同的筐里—有些先吃，有些留给家人，有些给访客。两个小孙子用毛笔蘸水在纸上画画，然后把纸对着火光举起，就能看到透光的图案。只有男人们在陶坊里工作，家里的女人和小孩留意男人们的所需。

两名工人花了半小时把黑釉准备好后，正夫开始浸釉。晋作在木炭上熔化了一罐石蜡，用来在他的作品上绘制隔釉环以作装饰。

篠崎在窑内一块狭小的区域弓着腰费力地修整窑架，他把层板支柱凿干净，替换陶泥垫，轻拍连接处保证支架稳定，再用一根木质长条水平仪测量，确保窑板平正。这时，一名工人爬进来帮忙，他的肩膀碰到了刚搭好的架子，窑架整个倒塌了。在泥垫干之前，整个架子都非常不稳。现在要从头再来了。上层的支架是碳化硅细柱，下层是较宽的陶板，工人们在每一间窑室中，小心地将陶板的斜面对拼组成一个个直角形支架。窑架的结构必须平正稳定，支柱和层板的连接处用泥垫连接成一个整体，之后才能装窑。

正夫正在浸釉和淋釉，他把两种釉混合在一个将空的盆里，凭直觉判断盆里还剩多少釉，要从两种基釉中各舀多少能刚好配出同样的颜色。持续的降雨让窑边的小路处处泥泞积水。每一个大罐子上好釉后都要刮底，并用海绵擦干净，没上好釉的小地方用手指蘸着釉料修补。年轻的助理每次把一只罐子环抱在腰间，弯着身子保护陶坯，飞速从窑棚穿过空地跑到晾坯间，尽量不让罐子淋雨，滨田之后会在上面绘制装饰。

秋天金黄的树叶被雨水打湿，随风飘落。木板上放着上一窑烧坏的残破陶器，立刻积满了斑斓秋

烧窑过程中很少出现意外，但地上这两只是上一窑烧坏的碗，积满了秋天的落叶。

1、2　滨田在精修外形前先修出底足内部。

3　　　用金属刀修整器型。

4　　　滨田在修好外形后再完成底足内部的精修。

5　　　虽然碗倒扣着，他仍然能够通过轻拍碗底发出的声响判断厚度。

叶。工人们用掸子清理着素烧坯上的落灰，传来唰唰声响。整个上釉过程中似乎总有人在给素烧坯掸灰，因为件数实在太多了。但是工人们无声而默契地交替做不同的工作，这样不会有谁总是操作同一项任务。

这一切又仿佛尽在计划中，所有的工作进行得过于流畅，完全不像是偶然发生。由此可知，这种毫不费力的随意是跟随一位名家积年累月训练后的结果，这是一种不断的成长、进化。掌舵人永远知道自己前行的方向，起点很高，并年复一年不断提升。

滨田试图把所有工作都分类别完成，以营造良好的节奏。他说每次只做一两件事当然没什么好处。虽然这些工作他已经做了五十余年，但他还是需要一次只做一件事才能激发的流畅韵律。他每天都要规划时间，甚至精确到小时，这样才能在繁杂的事务中为自己留出做陶的时间。所以在大家上釉的时候，他还在拉坯制作茶碗，大约每次拉二十件，用的是晋作特别为他揉制准备的陶泥。

滨田坐下准备再拉些茶碗，他把转动的陶轮打湿，津津有味地看着厚重的转盘那粗糙的表面上形成的同心水印。滨田先用手转动陶轮，再用木棍飞快提升转速，一只只茶碗再一次由土而生。

雨停了，天空突然放晴，温暖、绚烂，竹林间依旧不停滴落着雨水。在上釉的区域，美津子在给碗底涂蜡，冈在给盘口上蜡，正夫在同时给三只方盘浸釉，然后放在运坯的木板上。有些茶碗已经素烧好了，放在坯房里等待上釉。

茶碗修坯

工坊里，滨田正在给拉好的茶碗修坯。侧壁先修好，再用极少的几个动作修出底足。他轻拍陶坯的侧壁和底部中心，听声音判断厚度，然后拿起陶坯小心捧在手里感受重量。这个步骤不用花很多时间，因

滨田把一只半干的茶碗倒扣在转盘中央当作基座，支撑准备修底足的陶坯。

为他已经做了太久。"盛茶的碗必须轻盈，重量分布均匀。茶师们不喜欢太重的茶碗。"

他等我到了才开始制作这些茶碗，打趣说："这就是为什么我又拖延了。"滨田的茶碗一只大概二十万日元，约合六百五十美元，比很多其他的名家茶碗要便宜。有人建议他按照市场最高价定价，但是他拒绝了。

滨田将茶碗倒置在一只碗上修坯，这只碗他会最后修坯。他用的工具锋利但磨损得恰到好处，只要轻碰陶泥就能修坯，并且在陶泥上留下粗犷的痕迹，强调了泥本身的特质。他会用长柄勺给一些陶坯上赭石色泥浆，泥浆过滤过很多次，质地丝滑，用起来很顺手。

这天上午，滨田一边修坯一边聊着他的儿子们：晋作人很善良；笃哉是个好老师，本想成为一名植物学家，但是当植物学家和做陶一样不太好维持生计，尤其他还姓滨田。他说着拿起陶坯，观察内部，用手感受，把手指顶住尚未干燥定型的内壁，向着外壁另一只手的手掌挤压。他用力拍了一下陶坯，强化了器型的曲线，然后把碗倒扣在转盘上修坯。

不经意间，就剩他自己了。工坊的拉门关上了。年轻的助手和晋作坐在火边，把茶碗围着炉火摆成方阵，来回移动，试图加快干燥的速度。烧制釉上彩的小窑已经预热，准备素烧这些茶碗。烘干的过程必须缓慢，因为如果干得太快，湿泥会收缩不均导致开裂。对材料承受限度的直觉和长年累月的经验让滨田和工人们能够在材料性能的极限边缘操作。如果陶坯离火太近则会扭曲变形或开裂，助手在时刻观察着陶坯，若颜色有变化，这表示某一个部位比其他部分更加干燥，他会转动陶坯的方位。

滨田用一块湿布擦拭一些高壁茶碗的外侧，露出砂石，让表面更加粗糙。头顶的灯泡在陶坯上投下对比强烈的光影。我好奇这是不是日本陶艺家都在陶轮上方挂一个灯泡的真实原因——清晰的高光、中光和阴影，让器型更加鲜明。

1   滨田把修好的半干茶碗陶坯浸入用不同的本地陶泥制作的赭石色泥浆中。

2   完成修坯和上泥浆的茶碗。

　　手动陶轮只能快速转动五六个来回，这让修出的底足更加犀利。每一次滨田用木棍或手给转盘加速，线条的变化都非常直观，他干脆利落地修下大块坯屑。

　　滨田一个半小时内修好了大约五十只茶碗，有些已经浸好或荡好了赭石色的泥浆。每块木板上放着十个完成的陶坯，先搬到户外初步风干，然后拿回来在火边烘干。

　　几个小时后，每只茶碗的四面都对着火烘干后，湿泥深邃的灰黑色已经泛白，泥浆浓郁的棕黄变成了浅茶色。烤火结束，但是底足还是潮湿的。陶坯被挪到地面更靠近火的砖块上。与燃气或油这些会产生水汽的燃料相比，木柴让这种快速干燥的过程更加安全可行。于是

3

3   滨田在釉烧装窑期间拉制的茶碗。这些陶坯会在烧制釉上彩的小窑里快速完成素
     烧，并在大窑装窑期间上釉。

陶坯做好几个小时后，就被放进了预热好的釉上彩小窑里素烧了。

在工人们给大窑烧制的器皿上基釉的同时用小窑素烧茶碗，这让滨田能够保持自己的工作步调。他把每天的时间分块，让自己的工作能够融入整个流程，与此同时，工人们的节奏又围绕着他展开。

滨田继续一边给茶碗修坯，一边讲述父母的故事。滨田的父亲经营很多小买卖，非常忙碌。母亲则很年轻就去世了，十年后父亲再婚。父亲本想成为一名画家，但是作画无法维持生计，于是就做毛笔。滨田打趣说，这后来让自己很受益。他觉得父亲四十岁左右就退休太早了，即便他的生意让他赚够了钱。父亲虽起步太晚，没有成为名画家，但是自得其乐。

滨田在夜里给素烧好的茶碗上釉。

滨田亲手制作的不同毛笔和刷子。

父亲和滨田在益子同住到八十多岁，一直很健康。滨田说，益子的每个人都很健康。他希望能和父亲一样，"走着离开人世"。

大碗上釉

这一天，滨田说他要绘制大碗，这些碗的售价约两千美元。一些重要的客人受邀观摩上釉的步骤。

下午两点，一切就绪：一只匣钵上放着叠好的毯子当作滨田的座椅，含铁和铁锰化合物的釉料分别装在陶罐里，各自配有一只长柄勺和两支毛笔，还有氧化铜和黑色釉料。一大盆柿釉已经持续搅拌了一个小时左右，之前这盆釉已经陆陆续续搅拌了几天。罐子里的石蜡已经在炭火上熔化，用来绘制隔釉图案，地上还放着一个装饰陶坯用的转盘，与座位上的毛毯垫等高。

观众就位，大家都等着滨田绘制三只大碗。这些都是重要的客人，他们坐下等待。这些人是怎么知道滨田要进行这一特殊的步骤的？当然有人提前计划、邀请了这些贵客。

冈说滨田的座位旁备好的釉料有黑釉、透明釉和白色草木灰釉，以及含铜量 6% 的青釉。涂蜡的毛笔是买的，但是上釉的毛笔是滨田自己做的，排放在一块木板上。鬃毛笔头根部像泪滴般饱满，从箍环处向笔锋逐渐变得纤长。笔头从釉料中提起，便聚拢成自身柔和的形状。

我记得在我美国的工作室里，滨田向我描述如何把鬃毛一根根排成想要的形状，然后一起捏起来，仍旧保持鬃毛的排列，再捆在一起塞进竹制笔杆中。当然，任何动物的鬃毛都能用来制作毛笔，但是滨田主要使用他的秋田犬颈部的毛发。

柿釉必须要不停搅拌，如果沉积，又要花二十分钟重新搅拌均匀。即使这样，盆底还是有一层凝固的火山碎屑石粉末，一位工人不停打

滨田和帮手在给大碗上釉。

滨田养了几只秋田犬，用它们颈背上的毛做毛笔。

理着这项工作。

要上釉的大碗和其他准备工作都就绪了，但我们一下午都在等滨田。他在接待一些"连夜搭火车从广岛北上"的客人，几组临时的访客也来参观了上釉区，然后又被带去了滨田的私人收藏馆。比佐子和冈带来了更多客人，我们仍在等待。傍晚五点，工人们把给大碗上釉的工具都安置在棚屋下，客人们前去用茶。上釉还未开始，但是展示的一部分已在进行。很多人已经看到了给大碗上釉的前期准备工作。

滨田脚步轻快地沿着石板路把最后一批要离开的客人送至门房。他看见我时停下脚步，愧疚地说："实在抱歉。"我回应道："实在是辛苦你了。"而后我意识到，他其实很享受这个过程。任何时间都可以画碗——今夜晚些时候或明天早晨，但是感受到把自己赠予不同的访客也很重要。所以他会再找一天绘制大碗。

给大碗上釉需要很多帮手，也非常耗时。

这两只 1967 年在纽约市展出的盐烧花瓶上，绘有滨田最喜欢的甘蔗和竹子图案。

滨田的图案

　　虽然这一窑的陶器不是每一件都由滨田制作，但是他会亲自装饰所有器皿。这么多年来，他的装饰图案没有变过，除了为数不多的例外，图案的变化取决于他使用的是毛笔、长柄勺还是手指，是浸釉、淋釉还是手绘。最常见的图案是毛笔绘的竹子和甘蔗，一般都是用含铁的颜料绘制在釉上或釉下，但有时也会使用蜡质保护层，然后再罩上一层釉。

　　"这是我的图案，即使不断重复，我也不会厌倦。它属于我，所以没什么问题。这不同于拿了别人的想法不停重复，那可不行。"

　　滨田继续说道："德川时期有一位僧人，弟子会来问他：'佛是什

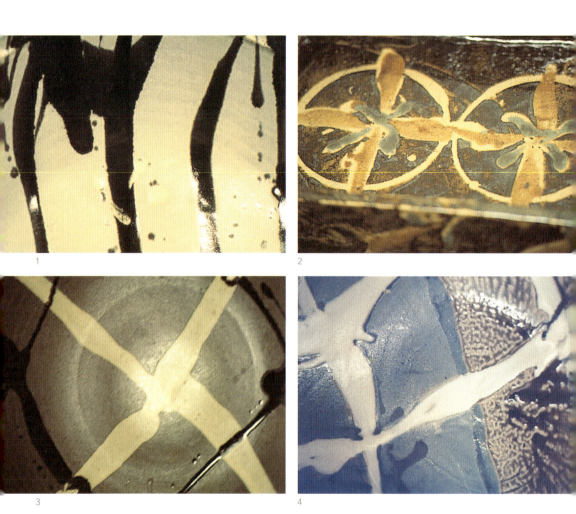

滨田的图案

1　白色米糠釉面上淋出的黑色图案。　2　滨田私藏的早期竹子图案。

3　淋在柿釉上的白釉和黑釉。　4　淋在两种釉面上的白釉。

5 淋在青瓷釉面上的黑釉。

6 釉上彩图案。

7 以蜡绘制的甘蔗图案，釉面为柿釉。

8 在透明石灰并白釉面上绘制的甘蔗图案。

么？'他每次都会重复一句简单的回答：'尚未诞生。'

"等僧人变成了一位老者，他说：'我的一生只传授了这几个字：尚未诞生。不论重复多少遍，我都不会厌倦。有些人听懂了，有些人迷茫。尚未诞生意味着永不消亡。'"

"对于滨田来说也是这样的，他在不停地诞生，"滨田解释道，"柳宗悦曾经写过一篇关于我和我的图案的文章，里面写道，'滨田年复一年地重复着完全一样的图案。他想不出别的样式吗？他是真的不得不这样做，这些图案已经变成了他双手的一部分'。"

在近期宇都宫市的滨田回顾展上，有人告诉滨田，他早期作品上的甘蔗图案叶子更多。他回应道："你看，这就和植物一样，越老的叶子越多。"他继而说道："这是滨田在同一主题上的变化，是不变中的变化。"

这时滨田开始使用笔绘、淋釉或浸釉的手法进行色彩装饰，通过对比营造出各种图案形态。对于画家而言，颜料是同样的工具，但是画家可以在下笔的过程中准确地看到颜色最终呈现的状态。陶艺家则只能感知或想象，依据经验下笔，虽然可以通过以往的经验预见色彩的效果，但只有器皿烧好后才能看到真正的面目。

即使拥有四十年以上的经验，陶艺家仍旧必须依靠直觉创作。未烧制过的陶瓷釉料一定会在烧制后发生改变，很多釉料在烧之前只是白色或灰色，甚至是无色的。几乎所有颜色的液体釉料烧制前都呈现同一个明度范围，上釉后也没有鲜明的对比。

上好釉的釉面呈干粉态，和烧好后的釉面形态完全不同。没有其他艺术像陶艺一样，只有浴火重生，方见真容。而任何有问题的配釉原料或窑内氛围的改变，都可能导致意外的效果或不可复制的惊喜。滨田说，陶人像是由内而外工作的室内艺术家，要尽其所知与材料合二为一。

滨田的心灵之眼所见，通过双手实现为陶泥的形态，以及对泥浆

正夫在滨田浸釉前帮他搅拌釉料。

与釉料的淋洒、涂绘。直到高温熔融了釉料再冷却至持久稳定，他才能看到最终的效果。一切必需的变化都要等到下一窑实现，虽然什么都不能完全确定。

或许正是作品不变中的万变，让陶工们着迷于这种表达并紧紧跟随。滨田说，如果你想成为一名好的陶艺家，你要在做陶这件事上不服输，但是在生活的其他方面服输一些；永远不要在做陶上感到气馁，但是愿意在其他所有的境况中放下身段。

滨田身边堆着上百件要画的器皿，他自己不给大碗上基釉，但是指导工人们操作，然后自己绘制装饰。

用长柄勺淋釉是另一种装饰技法。滨田把舀勺朝向自己，迅速移动，让浓稠的釉料流出，确保釉量恰到好处，并旋转手腕调整釉纹宽度。很多盘子和花器上都使用这样的图案。淋釉后他会仔细检查每一只器皿，如果流釉的效果不尽如人意，则会把失误的地方刮掉。

1   滨田使用圆规和毛笔画出圈形外框。   2   手绘甘蔗图案会先用蜡遮蔽，再浸另一种釉。

3

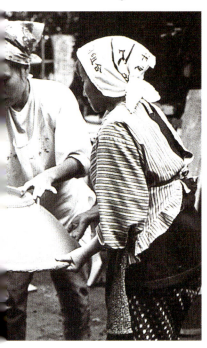

6

3、4　滨田在修补没上好釉的地方。　5　工人在擦净碗底的釉料。　6　滨田在米糠釉上用长柄勺淋黑釉。

1

2

1　在滨田用蜡画出的图案上淋第二层釉。

2　用长柄勺在以手指画出图案的底釉上淋釉。草木灰和天然材质制成的釉料必须上得
　很厚，因为许多杂质会在烧制过程中挥发。

　　空气寒冷，涂蜡的毛笔必须浸泡在蜡中保持柔软。一旦取出，笔毛上的蜡会很快凝固，需要再次软化。大家都认真照看着这些细节，如果哪件器皿溅上了釉料，或者哪处口沿没有上满釉，就会有人去清理或修复。在上釉区外围待命的工人们时刻准备好移走或运来需要的东西，而总有个人在不停搅拌柿釉。

　　和其他地方的大多数陶艺工作室标准相比，这里对材料的持久关注令人赞叹。品控堪比工业水准，虽然不使用完全标准化的度量，只是仰仗在实践中自然积累的经验和上百次的重复测试。

　　蜡会隔绝所上的下一层釉料，并形成图案。滨田以粗大的竹竿毛

滨田用手指在未干的釉面上画出图案。

滨田在绘制一种常见的图案。

笔用蜡画出方形条纹。他握笔的方式很特殊，不仅出于对笔触的考虑，也因为液体蜡会在寒冷的天气中迅速凝固。滨田一边用蜡绘制图案，工人们一边把画好的陶坯再次浸入柿釉或别的釉料，当隔离层上的液体釉料流净，就呈现出了绘制的图案。

没有从事过此类工作的人，无法想象在寒冷户外用冰冷的釉料淋釉的困难，虽然釉中添加了冒着蒸汽的热水，想要同时保持注意力、身体动作和创造力绝非易事。滨田挑选上釉陶坯的动作很慢，弯腰拿起花瓶，站在釉桶边。他注视着手中的器皿，淋洒釉料，双脚稳健地扎在地上，又弯下腰，转动把弄着手里的陶坯，观察、思索着如何装饰每一件作品。

工人已经给二十五件器皿浸了柿釉，还剩下二十件滨田用铁釉或蜡手绘的陶坯和五十件上了褐色泥浆的作品。

篠崎在滨田的淋釉图案上涂蜡，这样可以隔绝下一层釉料。

　　滨田的手臂迅速移动着釉勺，浓度恰好的釉料细流而下。滨田使用每一种釉料前，都有人先在其他陶坯上试用，蜡也是如此，试用后再调整。滨田在不停地绘制、淋釉、浸釉，给一些器皿涂蜡，然后再挑选一些陶坯，拿到座位附近继续装饰。

　　上好釉的陶坯会放在窑两侧的木板上，盖上塑料布以防落上灰尘。把陶坯放在山坡上相当危险，人来人往的山路泥泞湿滑，一步没走好就可能打碎一整板的陶坯。

　　滨田已经持续上釉两个小时了。他慢工出细活，偶尔从低矮的座椅上站起来，在置于地面的木板上的数百件陶坯间穿行。他看着满地的器皿，自言自语地思索，把几件陶坯拿到他上釉的地方附近，然后

淋在米糠灰釉上的黑釉。

淋在黑釉上的柿釉图案。

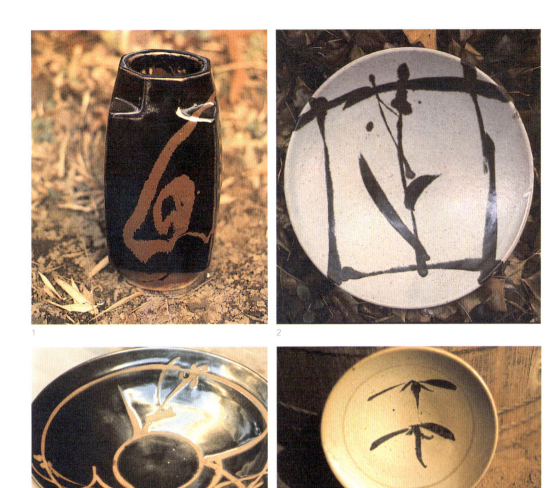

1　淋釉图案。

2　米糠灰釉上绘制的甘蔗图案。

3　以蜡绘制的甘蔗图案，釉面为柿釉。

4　米糠灰釉上的竹子图案。

1   2

1—4   滨田在不同的器型上进行淋釉装饰。

3　　　　　　　　　　　　　　　　　　　　　　　4

再开始工作。

　　虽然他看似是一个人在上釉，但身边总有别人。中午的时候，工人们都去用餐，只剩下滨田自己，但很快就有几位回来帮忙。工人们把昨天小窑素烧的陶坯放在树荫下的落叶中。这里的一举一动都如诗如画。自从几天前大家开始给新的一窑上釉，滨田做的六十只茶碗、五十只茶杯和两套清酒具，现在也得上釉了。

从下到上，依次是黑釉上的柿釉图案、青釉上的白色米糠灰釉图案、柿釉上蜡绘制的甘蔗图案。

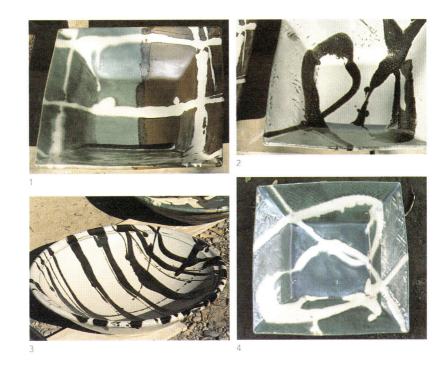

用长柄勺淋釉的图案打破了不同器型上的空间，改变了器皿，尤其是模具制作的大盘的形态。

1	青釉和柿釉上的白色淋釉图案。	2	米糠灰釉上的黑色淋釉图案。
3	青釉上的白色米糠灰釉淋釉图案。	4	白色米糠灰釉上的黑釉淋釉图案。

釉烧装窑

　　节奏加快了。盘子的装窑这项艰巨任务被留到最后。长方形的泥条用割线切成不大的薄泥片，表面罩一层干高岭土。这些泥片被分别放置在装着每一只盘子的匣钵间，让摞在窑里的盘子间有足够的空气流动。做泥片需要四五个工人，把泥片罩上瓷泥，准备好匣钵，清理盘子底足，然后摞在一起。滨田正在给上过底釉的盘子进行淋釉装饰，他先让

1

2

3

1　　正夫在给一只碗浸釉，之后由滨田装饰。

2、3　滨田用长柄勺在底釉上淋出图案。

釉料从长柄勺里流出，再淋到盘子上，这样的图案更加粗犷。他手臂一抖，转动手腕，图案就完成了。日文中淋釉图案被称为"流描"，这个词不仅描绘了装饰的图案，更捕捉到了滨田充满流动感的装饰手法。

虽然完成上釉的这一天异常忙碌，工作还是被从主屋带过来的访客所打断。滨田看到来客，放下手中的活计，带他们四处参观，工人们则可以继续独立完成任务。滨田对自己工作的时间感似乎从来不会被打乱，不论在何处暂停，他都能找回之前的节奏。

在山坡最上面的工人正在给最后一个窑室装窑。地面上放着早上刚上好釉的大罐子，装着盘子的匣钵排放在木板上，置于山坡上的托板要用砖块垫平，还有几百件没上釉的陶坯也放在这些摇晃的板子上。日落时分愈发紧张，大家都知道入夜前还有大量的装窑工作需要完成。

以黑釉和柿釉装饰的盘子被滨田称为"自家的特产"，这些盘子放在匣钵里摞起来烧，以避免落上柴灰。罩有一层高岭土的泥片隔在匣钵中间，让烧制过程中有足够的空气在盘子间流动。

大家分成小组工作，虽然日本的秋季天气寒冷，很多工人还是光着脚。如果正夫在浸釉，身边就会围着刮釉的人、用海绵擦底足的人和在底足涂氧化铝的人。不论滨田在哪儿工作，都会有一两名工人时刻关注他的需求，帮助搬运或准备材料。对于庞大的工作量而言，工作区十分狭小，身边的地上都放着托着陶坯的木板。人们穿梭其间，用木板传递着摇摇欲坠的陶器，送到山坡

1

2

1　在准备五室窑的釉烧时，女工被雇来帮忙除净陶器底足多余的釉料。器皿的底部不
　　能上釉，否则会在烧制过程中粘在层板上。

2　上好釉的陶坯被小心翼翼地置于架在坡地上的木板上。

上装窑或送下山坡烤火烘干，抑或小心翼翼地放到晾坯间，当心不要
打翻手里的陶坯或踩到地上的陶器。几个人蹲在砖块或矮凳上休息，
时不时烤烤火暖手，然后猛地起身回去工作。

　　大家都被唤去主屋吃晚饭。我和大家一起用餐，因为晚上还要工
作，之后才能给窑点火。比佐子正在用中餐手法烹饪小鱼，她给进屋
的每个人递上一杯酒。工人们都坐在桌边，滨田太太给大家上菜，比
佐子烤着鱼，我们其他人围坐在火塘边。德博拉说烤扁的鱼像是培根，
滨田用筷子夹起一条，整晚都叫它培根鱼，乐此不疲。滨田说日本有

两种形容食物的说法——"棉食"（cotton food）和"绸食"（silk food），前者指乡下菜，后者是饭馆菜，而自己家的菜是"国际创意料理"。

晚饭席间弥漫着发自内心的温情，但并无太多言语。工人们吃好后，郑重地鞠躬道谢，然后回到窑边继续工作。虽然充满仪式感的烧窑每几个月就会有一次，但对于所有人而言，仍是值得期待的全新挑战。这么多天来做好的几千件陶器装满了一整窑，所有人都在某处留下了印记。每当一个新的轮回开始，整体的配合就更加默契，大家共同成长，日久弥坚。

不论重复过多少次的工作，仍旧生机勃勃。每一件新的陶器也都延续着亘古不息的传统。或许没有什么可以比得上这样的工作：富有意义、令人愉悦、崭新的，但是基于超越时间的人类手工艺的起源。每个人都很快回去继续上釉，滨田也在不经意间又装饰了六十五件茶碗。

第一个窑室的装窑花了最长的时间。把上百件不同器型的小件作品装好大费周折。大多数陶坯都放在有高岭土涂层的陶泥片上，以防底足变形或粘连在层板上。蜡烛插在陶土球里放在一排排的陶器后面给工人照明。当所有的层板都放满后，装着单只盘子的匣钵每十个摞在一起，沿着窑室短边的方向码在地上。

在烧制过程中，窑内的化学气氛有所不同。第一个窑室是还原气氛，第二个为中性，第三个则是氧化气氛，整体温度也有40—50℃的差别。这让同样的釉依据在窑内的不同位置产生了各自别样的风格。上了透明草木灰釉和一些半透明的米糠灰釉的陶坯装到第一间窑室，柿釉从第三间窑室往后效果最佳，含铜的青釉要放在第三间窑室。米糠灰釉使用量最大，占有窑内一半以上的数量，分散在每一间窑室，最终会呈现出不同的釉面效果。

一切都到了最后关头。滨田用心挑出了几只茶碗，不做任何装饰，因为器型本身就很好了。他想在第一间窑室烧这些茶碗，因为窑室内的气氛会让米糠灰釉产生一种特殊的釉面和色彩。晋作监督最后的装

工人在窑里把上好釉的陶坯放到碳化硅层板上。窑内地上的茶杯是晋作的部分餐具。

工人们把调了水的细沙糊到封住窑门的砖块上。

窑，由他决定哪些作品下次再烧，不过大部分都能装进去。有些茶碗的釉料流动性很强，要垫上带有贝壳的泥片。年轻的助理把最后的几件作品递给窑室里的正夫，由他最后装窑。最上面的窑室门已经封好，因为里面都是放在匣钵里的盘子和大碗，这些装起来比较快。老爹一次把三块手作大砖块搬上山坡，用来封闭窑口。冈正把封门用的细沙筛进手推车里。滨田已经装饰好了最后一批茶碗，站在火旁观望。每个封好的窑门前都倾倒了一堆筛过的沙子，中间挖空，倒入热水，再把混好的泥沙用手抹在门上，冈和篠崎的手指留下清晰可见的纹路。

大家已经开始打扫，把晾坯板和没用完的湿泥垫片分别摞在一起，收好装着高岭土的大碗以及已经上过釉但是装不进窑里的陶坯，成捆的木柴和稻草也从山上搬下来准备生火。

工人们接力把木柴用推车运下山，因为釉烧比素烧的温度高很多，

滨田在点火前把盐撒在左肩上，并供上一壶清酒用作神道教的祈福。

这次的用量也多了许多。窑炉口周围搭起了巨大的木垒，在刚开始烧窑时成为临时休息处，工人们可以在里面睡觉、工作或者避风。每一个窑室门前用来烧窑的木柴也堆得更高了。

我突然意识到上釉的顺序是按照窑室安排的：要放到顶部窑室的器皿先上釉，第一间窑室烧制的陶坯则最后上釉。从做坯、素烧到上釉，整个过程看似不经意地自然发生，但实际上所有的操作都计划周密——先装窑的陶坯先做好、先上釉，与之相对，最后做的茶碗就是要放进最下层的窑室的。整个团队的成员，包括大多数人的生活，都遵循着这个完整的流程，每一个环节都紧密相依，让人不禁好奇，是不是任何变动都会打乱整体的进程。

终于万事俱备，窑上摆了一壶清酒和一盘盐用作神道教的祭拜。滨田一边点起火，一边在自己的肩膀上撒盐，祈求烧好这一窑。

滨田讲故事

每个人都满怀成就感，围坐在炭火上那冒着热气的五十加仑大水桶周围取暖，兴致勃勃地聊天。和往常一样，工人们蹲坐在矮凳上，身体刚刚离地，大家友好地凑在一起抽着烟低声谈笑。滨田也蹲在这儿，明晃晃的炭火和跳跃的火焰照亮了每个人的脸庞。滨田用烟雾和蒸汽暖着手，开始讲他的故事。

当跟随伯纳德·里奇初到英格兰时，滨田还是名青年。他很惊讶地发现，那里的人们觉得日本人非常聪明。英国朋友们让他解释其中缘由，他就去查阅佛教，找寻蛛丝马迹。终于他发现了一个故事，关于日本最著名的三位将军——织田信长、丰臣秀吉和德川家康。故事中，每个人都被问了同样的问题：如果你想让一只鸟鸣叫，而它不想叫，你会怎么办？织田信长说，如果鸟不叫，就杀掉。丰臣秀吉说，如果鸟

滨田说他的眼镜框是从一块在冲绳发现的巨大龟壳上挖出来的。

不叫，他会想办法骗它叫。而德川家康说，如果鸟不叫，他就等它叫。

织田信长很年轻就被刺杀了，丰臣秀吉活到了赢得战争、统一日本，而选择等待的德川家康建立了德川幕府，他的家族统治了二百五十年。滨田说他的英国友人被这个故事所折服。西方人那时才刚开始了解日本，滨田觉得正因为两种文化如此不同，才会让西方人觉得日本人很聪明。

滨田在英国讲的另外一个故事是关于日本两个主要佛教宗派的创立者——一遍和亲鸾。

一遍宣扬，即使你不够好，甚至不祷告，神明也总会伸出援手。佛与人是合一的。"我是佛，这些也是。"滨田摸着自己的衣服说道。一遍没有弟子，没人听他的教诲，他很年轻就去世了，也没有留下经文。滨田说这是真正的信仰，不用通过学习理论和哲学就可悟道，是以身体而非头脑习得。在这方面，母亲们很像僧侣，不管孩子怎样哭闹，母亲都会伸手相助。这些真理存在于其他更根本的事物，不必前往寺院修习，它们呈现在日常的生活之中。

亲鸾则被召至皇宫为天皇诵经。"想一想，"滨田警示在座的每一位，"神明或许更想伸手帮助那些不够好的人，神就在这，你不用去他处寻找。"

"世上有两种人，一种人以自己为中心，认为祖先的存在就是为了创造出自己，生孩子也是为了让自己延续；另一种人把自己放得尽可能低，认为自己在万物面前微不足道，他们活着是为了保护和珍视祖先的遗泽，并将其传递给后人。大多数艺术家属于前者，手工匠人属于后者。"

滨田不喜欢"艺术家"这个词，又觉得匠人是完全按照别人指示工作的工匠。对于他自己而言，滨田说他已有一个主人，是另一种"主人"——他做陶可不是仅为自己。当他工作的时候，他自己的"天性"会自然流露。滨田说如今大多数人都没有耐心跟随这条道路。不论怎样，他们都无法理解放下自我的价值。大多数人太急于自我表达。

问题在于，如果你认为自己是宇宙的中心，那你就无法创造任何具有普适性的东西，因为你永远都带有本我的气息。滨田用第三人称说道：滨田有个特殊的问题，就是他要克服对此的认知，也就是对自我意识的自我意识。他知道如果他出了什么问题，根源在于此。所以他决定来到益子。他已经在学校里学了关于釉料的所有技术知识，但是他把自己交给了几种天然的釉料和朴素的陶泥。他把自己置于这样一种框架之中，像当地人一样生活。即使他在世界其他地方生活工作过，也会讲几种外语，但仍然选择来到这里。

滨田本来能留在京都或其他城市，但他决定来到益子，不使用自己学过的技法，生活在和自己的经历迥异的益子人中间——这一切都是对自我的摒弃。曾经追随或希望强化传统的人，如今已无望找到河水中的清流，反而不如将视线从表面的水流移开，停在原地向水面下深挖，最终会发现清泉，然后让其流经自己。

滨田想要拥有柳宗悦的"经历"，但他已经接受了过多的教育，只能用自己的方法找到最好的道路。

此时滨田讲起了柳宗悦的著作《妙好人因幡之源左》中的故事。

京都本愿寺是一门佛教宗派的本寺，有位名古屋的妇人信奉这一宗派。每当名古屋风雨大作，妇人都会拿着一席草垫上山，举向京都的方向来保护寺庙。

滨田说，这当然不合情理，但妇人的举动所传递的内心非常宏伟。每个人都要尽力依照内心的感受，做好自己那一小部分。

听着这些故事，我意识到滨田比大多数人都更执着地追求他真正相信的目标。

滨田讲的另一个柳宗悦书中的故事和来陶坊参观的客人有关。有个叫源左的男人，是位谦逊而虔诚的佛教徒。一日，他去田里收割作物，但已经全都被人收走了，不知是邻居、小偷，还是哪个肚子饿了的人。于是，他空着篮子回家了，妻子见此问道："你怎么空着篮子回来了？"源左说："没轮到我们，神明要把作物收走。神给了我们田地来耕种，我们种了作物，但不是为了我们自己，而是为了神明。虽然是我们种植的作物，但没轮到我们收获。别人需要这些作物，于是神在我们之前给了他。"

滨田说故事还有后半段。一伙旅人途经源左居住的地方。他们搭起营地过夜，享用晚餐。当他们把豆子做好后，想要给马匹找些吃的，于是牵着马到田里吃草。他们恰好把马牵进了源左的稻田，这些作物是给家人而非牲口食用的。源左指着自己的稻田说："你们应该去我的田地远处的那一角，那边的作物长得更好。"

滨田说，这就好比他带客人到处参观，这些表面看似荒唐的故事，其中有很多教诲。

工人们都在聆听，享受着伙伴间的温情，用大水桶里的蒸汽暖着手和脸，脚在炭边烤火，抽着烟，喝着茶，与滨田谈笑，但主要是滨田在说。

当他的故事讲到这里，我回想起滨田去年夏天在都柏林，和伯纳德·里奇共同接受联合国教科文组织首次颁发给手工艺人的嘉奖，滨田在获奖感言中这样说道：

"我的工作只完成了一半，现在获得这样的认可还为时过早。抛开这一切，我此刻想要回到我的陶轮前，播下我该播下的种子。对待工作的方式多种多样，行动是我的方法。一个人通过真正的工作才能最好地发挥自己。"

此刻，窑口亮着火光，窑里要烧制的几千件作品，出自这位七十六岁的老人以及与他同坐的这些工人们之手。滨田说，吸引年轻的他来到益子的挑战，如今仍激励着他们以古老的传统方式做陶。这种方式连接了过去和当下，也让工作富有意义。

如果釉料中使用了合成成分，或者添加化学防沉剂让釉料更易调和，又或者在烧窑过程中使用工业控温方法，那么原料的准备和使用，以及原料本身形成的完整体系将不复存在。这是一种生活的方式，一种生命的完整性。

"关键的一点是，"滨田特别强调地说，"我在年轻的时候就能明白这些，追随至今，并且知道这对我的生命何等重要。我在二十七岁时知道了自己要做的事，不再需要找寻。我知道那会是一条漫漫长路，但并不担忧。我可能会成功或失败，但那不重要。我知道我要做什么。"

滨田说自己有幸与柳宗悦、伯纳德·里奇、河井宽次郎和富本宪吉这样杰出的人士结下友谊，并受到他们的引导和帮助，这些人在他年轻的时候留下了深刻的印记。他爱他的朋友们，他喜欢简单而雅致的人，但从另一个层面而言，正是他以坚韧的精神引领着自己的命运。说到这样的命运，他总是谦逊又自豪。

开始釉烧

昨晚十一点开始釉烧，我们一起在火边聊了几个小时，平复着终于进入最后一个环节的激动心情。焚口旁用原木堆成的堡垒里放着草垫和毯子，工人们分组轮班从昨夜开始一直持续到烧窑结束。一组人睡觉时其他人醒着，滨田家的女人们在白天和夜里隔段时间都会送来

女佣在漫长的烧窑过程中给工人们送来补充能量的特制餐食。

一些吃食。每餐都不一样，精心准备的食物盛放在方形黑色大漆托盘上，总是配有热茶。这天早上，烧窑的老爹坐在他的汽车座椅上，像往常一样忙着添柴，翻铲火膛里火热的木炭。

蒸汽从山坡上窑顶的烟囱涌向空中。前期缓慢的预热是为了排除陶坯中的水汽，烘干上釉时仍具有吸水性的素坯所吸收的水分。

老爹仿佛就是窑炉的象征，他端坐在汽车座椅上，周围都是成堆的木柴。他的头上系着蓝白相间的头巾，冻冰的手里握着细长的黄铜烟枪，不停地吞云吐雾。他每次都半弓着身子从低矮的座位上起身，往焚口里填满木柴。火膛里的空间被木柴填满，随着每一块原木的燃烧，他就推到更靠里的位置，然后再添一块新柴。

下午四点，第一间窑室已经炽热，但窑顶的烟囱冒出的烟雾仍然含有大量水汽，以及木柴燃烧产生的硫黄。第二间窑室还没热起来，升温过程必须缓慢，这样整座大窑才能均匀升温。如果前面的窑室升温过快，而后面的还没热起来，前面窑室产生的蒸汽就会在后面的窑室中凝结成水，这对里面的陶坯会是一场灾难。

烧窑用的木柴来自树龄四十年的红松，劈好后要放置两年。滨田拥有自己的树林，要持续进行砍伐，院落中堆放着上千捆木柴。陈放两年对于这些木头刚好，如果再久的话，天然油脂就会干掉。

12 月到次年 1 月是最适合伐木的时节，此时树木的含水量较低，因为 1 月过后就会开始发芽。烧窑的进度受木柴的品种和状态以及窑周

树龄四十年的松木，为烧窑使用特别陈放两年，常年在院落各处避雨存储。

成捆的细柴用来从窑室两侧投柴，基本能在一次釉烧中用完。

围土地的状况和天气影响。秋天最适合烧窑，这几个月天气还没太冷，湿度也刚好。

木头不易获取，价格昂贵。如今日本已经没有陶人把原木用作整个烧制过程的燃料了。材料、工资支出、花费的时间，以及烧制如此巨大的陶窑，由此不难看出维系工坊运转的高昂成本。"这也是为什么我们要不停工作。"滨田打趣道。

在这漫长的预热的第一天，滨田和工人、儿子们整天都站在窑边。他们谈论着天气、窑火、窑烟和烧制的进展。每个人都时不时地绕着

工人在釉烧开始时往燃烧室中添柴。   随着窑室升温，柴烟从窑内排出。

窑走一圈，拔出观火孔上的塞子感测是否有热气或水汽冒出来。当窑室里已经烧到红热，可以看见里面的状态，工人们就会不停地观测窑内的火势、火色和陶坯的状态。总能听到巨大的原木被抛进火膛并夯紧时发出的沉闷声响。火焰跳跃，火花噼啪四射，烟雾喷涌而出，一切都看似如此地不真实。

　　滨田说天气很干燥，而且没有风，木柴也比较干，所以他猜测重要的添火时间是明天早上五六点钟，也就是烧窑的第二个早晨。关键点是知道什么时候给第一间窑室添柴。当焚口的窑火让第一间窑室升

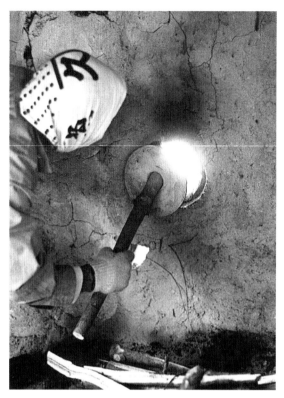

工人打开窑室一侧的投柴孔开始添柴。对侧另一位工人同时添柴，两人必须同步操作才能保证烧制均匀。

温到1100℃，必须要快速升温到1260℃的结束温度。对于西方陶人而言，想要控制好五个巨大窑室的烧制，其复杂程度完全无法驾驭。滨田和他的陶工们要一年几次面对这种挑战，无论天气如何，东方陶人们数百年来亦是如此。冈说今天烧得慢，待窑炉烧到关键节点还需要很长时间。

　　大家一边查看着火势，一边继续交谈。滨田带领大家烧窑，但是当他去接待客人、和家人共度时光或者陪孙子们玩耍时，弟子冈就接

滨田在检查火色。

替领头的角色，做出重要决定。帮滨田做事的人都经过了完美的训练，
他的督导同时传递着思想与情感，饱含热忱。

午夜前后，人们开始往大型焚口两侧的火孔里添加劈开的木柴，
投柴孔就像龙的双眼。冈查看了预燃室里的火色和第一间窑室里陶坯
上釉料的熔融情况后决定加柴。他想让燃烧室的温度达到1100℃，他
说之后需要四个小时才能再提升100℃。1100℃之后的升温都更困难，
釉料的烧成温度是1260℃。

滨田、冈和篠崎查看从窑室里取出的试片，判断釉色是否成熟及能否停止烧制。

滨田看到刚从窑里取出的高温试片后向工人表示不满意。当每一间窑室的温度达到顶点，就会取出试片，当试片表明釉料已经烧成，便可以停止升温。

两名男工加快了往焚口添火的节奏，当木柴被扔进去，窑顶的烟囱和两侧的投柴孔就会冒出黑烟。前两间窑室已经烧到炽红的 816℃，内壁的窑砖表面长年积下的草木灰釉已经熔融闪亮。第三间窑室也已经炽热，剩余两间窑室内仍是暗红色。烟囱中依旧冒出一股特殊的香气。

每隔十分钟，工人们就往窑口两侧像两只眼睛的投柴孔里添柴，里面喷涌出二十厘米长的黄色火焰和大量黑烟。第一间窑室是缺氧的还原气氛，这会让釉料呈现一种特殊而柔和的微蓝或青瓷釉色。

凌晨三点了。往第一间窑室里看去，茶杯上的釉面已经熔为闪亮的液态。工人继续往焚口和旁边两个投柴孔里添火，其间就在草席上打盹。没有人指挥别人，大家只是做该做的事情。需要木柴的时候，就会有人从柴堆上搬下一捆，扔在地上，捆柴的金属线就松开了。拆下来的金属线圈被挂在窑前的一个钩子上，以此计算木柴的用量。当工人们起了玩心，就会试着从远处扔线圈套在钩子上。一捆柴添了进去，火势汹涌起来。

篠崎用拨火棍挑开焚口里红热的木炭，为添柴腾出更多空间。拨火棍会在高温和木柴的重压下弯曲，他就在土地上敲直。随着木柴的燃烧，木炭被不停搅动，像是一幅由炽热的马赛克拼成的图案。

午夜时分送来的各种食物——日本橘、寿司、奶油泡芙、糖果和泡茶的热水，此刻已经被吃光了。凌晨四点四十五分，大家开会讨论何时往第一间窑室里添柴。冈和篠崎从窑炉两侧一起查看了第一间窑室里的状况，然后过来商讨对陶坯烧制情况的看法。不，时机未到，釉面的光泽和熔融度还不够。

此时第一间窑室内的烧制环境很清晰，火焰不呈黄色，也没有烟。冈说："温度已经维持在1160℃很久了，可能现在正在接近1200℃。"他靠观察火色判断摄氏温度，而不使用标准的高温测量工具。能够仅靠双眼判断10℃或20℃的升温是一项难以企及的技能，只有通过以传统方式烧窑的长期经验才能获得。

到了开始烧窑后第二个清晨的五点，也就是滨田预测的时间，大家终于决定开始向第一间窑室投柴。这意味着釉料到了可以烧成的状态，必须迅速升温。三名工人立即开始行动。

十分钟后，他们从窑内取出了一块试片进行观测。透明釉已经烧好，但米糠灰釉的熔融度欠佳。"再添一次。"负责烧窑的冈说道。

早上六点，滨田过来查看试片情况。没人通知他，他自己就来了。往火膛又添过一次火后，另一块试片被取了出来。这次大家急忙决定烧制完成，所有人迅速封掉了第一间窑室。滨田凭借着出众的记忆说："这间窑室的温度比上次高一点。"我猜测温度达到了1288℃，他说是对的，不过即使我猜错了，他也会说我是对的。

第一间窑室的所有投柴孔都上了塞并用泥封住，让降温缓慢进行。如果陶坯从这样极高的温度过快降温，巨大的温差会使其炸裂。大家都在忙着封窑。六点十分，篠崎封好第一间窑室，开始给第二间窑室添火。

日出时分，窑顶弥漫的黑烟愈发醒目。在微风吹拂中，向空中袅袅升起的黑烟弥漫成团团烟云，这是益子特有的景象，每天都能在村里某处陶窑上空见到。

新的一班工人前来接替添火的工作，但老爹和篠崎留了下来。正夫检查了刚结束烧制的第一间窑室内的情况，查看器皿的状态以供第二间窑室参考。窑室内的釉面都像融冰般闪闪发亮，且赤红如火。

工人们每隔十分钟往第二间窑室内投三十块木柴，烧制进入白热化阶段，整座窑都是滚烫的。滨田这一早和我们坐在冒着热气的大水桶边，讲了一则关于伯纳德·里奇的旧事。故事和烧窑没什么关系，他只是想讲给我们听。

里奇曾听柳宗悦说起一位年过九旬的老者，他很担忧自己的生命将如何结束。他想平静地去世，就去询问一位禅师如何做到。"死就好了。"禅师回答。老者很快去世了，几周后禅师也过世了。里奇听柳宗悦讲过很多次这个故事。有一次，里奇给碗修坯时觉得不满意，他想知道朝鲜陶人是如何把茶碗的底足修得那么好，那一刻他忽地想起了柳宗悦的这则故事所传授的道理。他自言自语地感叹："原来是这么回事！原来他们是这么修底足的。他们只是在修底足。原来方法在这里……做就是了！"

意犹未尽中，滨田离开窑炉，回去睡觉了。

完成烧制

第二间窑室于早上八点完成烧制，窑温比第一间略高，达到约1300℃，随后开始给第三间窑室升温。窑头已经开始降温、火膛里的木炭也不再火热。烧窑至此进行了一半。看了从第三间窑室取出的试片，冈说窑温可能比第二间还要高一些，约1304℃。把这间窑室烧到这个温度用了三十五捆木柴。经历了两夜的烧制后，第二天上午十一点，第四间窑室开始升温。工人们都已疲惫，但步调没有被打乱，继续轮班工作。

木柴堆上盖着毯子，像是沙发椅的形状，工人们烧窑间隙会在上面打盹，但总有人在值班。正夫站在山坡上朝窑顶的方向冲洗地面上的尘土，湿润的空气对烧窑有好处。最后两间窑室稳定地喷射出火焰和柴烟，但没有之前猛烈，因为窑炉的一部分已经封闭了。当木柴投进窑室，窑炉顶部的两个投柴孔涌出浓烈的火焰。

剩下的工作仍是观察、讨论，以及投柴的体力劳动。随着火势渐强，浓烟四起，工人们继续监测试片与烧制状况。窑顶的一排烟囱上方形成了约一米高的烟障。前两间窑室正在降温，窑内映着暗红的光，釉面已经基本稳定，红热的器皿渐暗，黑影勾勒出陶坯的轮廓。投柴间隙，值班的工人们打扫烧窑的区域。夜色降临，黑暗中的火光、寒冷的空气、大铁桶里蒸腾的热气和送来的茶食，交织出一幅比白天更加欢快的景象。

第四间窑室开始升温，冈和篠崎不知疲倦地工作。他们在窑的两侧，从窑室中间开始投柴，投满整间窑室需要五十四块小一点的木柴。最后两间窑室的升温恰逢工人们最疲惫的时候，也最考验技巧和体力。随着另一端的窑火越烧越高，从村子里任何一处都能看到大量升起的浓烟。益子的陶人们永远知道谁在烧窑，因为他们知道每一座窑的位置。第二天下午一点半，第四间窑室的投柴结束。工人们小心照看着第五间窑室，里面装的是价格昂贵的大碗。

篠崎和冈把青绿的长竹竿从添柴口伸进第一间和第二间窑室。竹竿被点燃，照亮了窑室内的空间，以便查看釉色和降温情况。降温和烧窑同等重要，有些窑室在其他窑室升温的时候已经开始降温。控制降温基于其他窑室的烧制以及对气流的调控。如果操作不当，器皿可能炸裂，也可能会影响釉色的烧成。

三个小时后，第五间窑室的烧制结束。上百捆木柴所剩无几。工人们又用点燃的竹竿照着窑室内部查看。第一间窑室已经降温至黑暗

从滨田的农场外可以看到窑烟。益子山谷里每天总有一处或几处窑炉冒着烟。

无光、第二间内微明、第三间是暗红色、第四间橙红、第五间白炽。

这是一项艰巨而严谨的协同工作，没有温度计或其他测量工具，全部依靠经验和工人们的配合。他们看起来没有在刻意控制，实际上通过观察在控制着一切，这是一种极致的技艺。如此之多的变量似乎不可能掌控——木柴的大小、种类、状态；投柴的手法、装窑的方式；天气状况；每处每刻火焰的颜色；窑内逐渐增强的气压随时可能有爆炸的危险；在釉面的熔融过程中不停查看；对窑火和温度的控制以烧出微妙的釉面效果。所有这些变量时时刻刻都要掌控。

烧窑结束，大家都兴致勃勃地不愿离去。算上最后上釉和装窑的那一天，我们在这里足足工作了六十个小时。每个人心中的激动和庄重都挥之不去。大家开始忙着打扫，搬走剩下的木柴，收起毯子，用

烧窑结束后欢快的庆功宴。

树枝捆成的扫帚清扫陶窑周围的土地。当一切又变得井井有条，我们
再次注视着这座让所有人费尽心力的大窑。大家依依不舍地把刚完成
的工作留在身后，在轻谈或沉默中向主屋走去。

  屋里弥漫着欢乐的气氛。桌上的餐具摆得很紧，这样八到十个人
能挤在一起。这像是一场秋收后的聚餐，而我意识到，今天恰巧是美
国的感恩节。

  桌上摆满了食物：土豆汤、几碗酸甜口味的猪肉配蔬菜、炸猪排配
卷心菜丝、生鱼、切好的炸豆腐配萝卜泥和葱花。席间依次传递着大块
的卷心菜，淋着自制蓝莓果酱和石楠花蜜的酸奶杯、清酒，还有米饭。

滨田和邻居兼老友岛冈讨论刚开的一窑。

大家又饿又累，虽然话不多，但其间弥漫着温情。比佐子、辉子和年轻的女佣默契地给大家添饭，游刃有余地照料着在座的每一位。

　　大家又喝了一些苏格兰威士忌和清酒之后，宴席告终，紧密无间的一伙人散去，接下来要花上几天等窑降温。

滨田与岛冈

　　次日，滨田前去拜访邻居岛冈达三。在战争期间，岛冈是滨田的

岛冈请滨田评价最近烧出的作品。

弟子之一。他即将在东京举办展览，想让滨田看看上一窑烧出来的器皿以及展览的选品。

岛冈的作品和包装、木盒都摆放在窑边的地面上。滨田首先注意到了岛冈已经落款的盒子。他拿起一只盒盖端详起签名："不错。合格。"

盒子上的题字在日语中称为"箱书"，所有作品售价昂贵的陶艺家，不论作品本身是否落款，都会依照传统在盒子上署名。盒子必须使用优质的木材，通常是桐木，并由职业匠人制作。陶艺家在上面标明器物品类，例如酒杯、瓶、花器等；作品产地，例如益子；作者的名字和印章。汉字朱印和书法落款出现在盒盖的左下角，作者的书法很重要，甚至与盒子内的器物具有同等的艺术价值。滨田在赏鉴器皿前先看了题字。

岛冈将我们引进一座新盖的房子，这里放置着展览选品。滨田打趣说，只有有钱的客人才能进入这间崭新的小会客室，既然我们是第一批客人，那我们就是最有钱的。滨田大体上称赞了岛冈的作品，而后说那些沉静而釉面很薄的备前烧作品"太雅致、太刻意"。岛冈鞠了一躬，接纳了师父的意见。

我们移步岛冈家的主屋茶话，滨田在门口挑了个最不起眼的座位。最靠近壁龛的位子是上座，既然滨田没有坐在那里，别人也不行。岛冈坐在了滨田身后的凳子上。

岛冈拿出了一只老丹波烧茶壶和一件绘有小画的朝鲜李朝多面体瓷器。滨田说两件器物都很精良，如今也很少见。岛冈又拿出一只前哥伦布时期的陶俑，滨田猜测这和日本古坟时代的墓葬陶俑制作时间相仿。滨田看中了一只没有装饰的棕色泥釉水罐，岛冈把它放到桌子上。滨田说出水口和手柄都太小了，但是"整体效果很不错，永远要看作品的整体"。

回去的路上，我们经过了隔壁家的一片小鱼塘，这户人家就在滨田和岛冈的院落之间。田埂旁的鱼塘里养了很多鱼，天气好的时候，

滨田烧好的器皿置于木板上，沿小路从窑炉码到门房。每次烧制后他都会手绘并标注重要的器皿。

总会有不少男人和几个小孩站在水泥堤岸上钓鱼。滨田旁观了几分钟，带着孙子在垂钓者生起的火边吃了些东西，随后回到了家中，在房间里独享清静。滨田太太没有进来，在另一个屋子里等着丈夫。滨田在过去的几天马不停蹄地工作，即使似乎难以察觉，他也的确很累了。

开窑

烧窑结束两天后的上午十点，所有人集合准备开窑。院落大门紧闭，没有访客。三间窑室门口的泥封已经去除，但砖块还未卸下，要等滨田同意开窑。空中弥漫着跃跃欲试的气息，窑顶的烟道仍旧冒着热气。

见滨田走来，几位工人拆掉了第一间窑室门上的几块砖，好让他观测里面的状况。挡着从窑里冒向额头的热气，滨田判断降温充分，大伙随即卸下窑门上的砖块开窑。窑里的工人把器皿递出，外面的工人接力运到山坡下，码放在木板上。

日本陶人常会在其他人的大窑开窑时前去拜访，以恭贺友人完成了如此大量的工作。但这次开窑没有来客，只有参与了装窑的人们在场。我问是否会有人来访，滨田笑着说大多数陶艺家都忙着自己赚钱，不会来的。他用这种方式避开我的问题。滨田的窑通常都是封闭的，只有很少的客人会被邀请参观，不然一定会人来人往，什么也做不了。

亲眼看到作品出窑让人异常激动。"岛冈或者佐久间会来看开窑吗？"我问。滨田说："啊，佐久间是老朋友了，他可能会来。他太真诚了，以至于他有时候看起来什么都明白，实则不然；有时候看起来什么都不明白，实则也不然。"滨田的搪塞让我意识到，能受邀目睹他的开窑的确是一项殊荣。

随着木板上的器皿越摆越多，我看着柿釉呈现出不同色泽。根据窑位和施釉厚度的不同，滨田这种标志性的火山碎屑岩釉料似乎有着无限的变幻：或是焦糖般的棕色中透出浓郁的幽黑，或是绸缎般光滑的红棕色，抑或铁锈色的釉面上散落着斑驳黑点。如果透明釉和柿釉间涂了蜡，被蜡隔绝的边缘处会有一条分明的黑线勾勒出图案的轮廓。如果柿釉与其他釉复合或淋了另一层釉，有时釉面的变化微不可见，却依稀可觉。

所有这些变化都来自关于如何施釉的超群技艺，但同时也来自完全的放手——不是"技法"的技法。滨田称其为"潜意识中的意识"。选择并感知合适的器型与坯体表面肌理，才能实现想要的釉面流动效果，而后选择适当的窑室烧制，甚至选择窑室内适当的窑位。这一切都在上釉的过程中听从滨田的指挥。此刻他看着出窑的器皿，感慨道："如果你学得太多，你就当不了陶人，而是个商人。"

滨田开窑从不对外开放，但总会邀请老友佐久间和岛冈。

成品

　　所有器皿一出窑，就被不知不觉整理好了。我试图理解这个过程，便盯着滨田，看他是否在用手势或言语指挥器皿的摆放。他没有。滨田穿着木屐，双手背后，眼镜架在额头上，笑着摇晃地站在那里。工人们按照自己对滨田的了解把器皿分类，如果错了，他会纠正。

　　烧好的成品有序地越堆越多。让我最惊讶的是，我明明看到有几件特别好看的器皿被运下了山，此刻却消失不见了。或许是滨田的私下安排，从那一刻起，这些陶器要么成了他自己的藏品，要么会留给博物馆收藏。

　　器皿可见的分类区域包括土路或石板路边的空地、山脚下的木板，甚至远至通向门房的路上。作品按照用途分类——不同的展览、在百货商场的展出、在店铺销售、在家中销售、减价销售和赠礼。他说成品中不是特别好的器皿会被分成两类：要售卖的和要打碎的。

　　有人给滨田递来了一只试釉碗，细腻的新釉是用火塘里的柴灰调配的。滨田很喜欢，但是碗因为降温过快开裂了。他坐在一个小凳子上把玩着这只斗笠碗，我记得看过他拉坯。贝壳垫片还粘在底足上，滨田拿在手里端详，然后用手指轻弹口沿，和所有开裂的碗一样，它发出了沉闷的声响。"真是只好碗，釉也真好。"

　　只有那么几秒钟，他稍有表现出对开裂的失望，随即便去看下一件东西了。"有时候第一间窑室降温会太快，"滨田推测说，"可能是在封上窑室刚开始降温的时候，也可能是在烧最后几间窑室的时候。"

　　几件品相特别好的器皿相继出窑，滨田不禁称赞："啊，不错，不错。"而后又点评道："这件好，下次展览可以展出。"在二十件相似的茶碗中，他选出了四件放在特展的板子上。他又拿起一只很美的直筒花瓶，泥坯上有工具砍出的装饰纹理。他说这是此窑最好的成品之一，美而有力。大家就这样一边分类成品，一边讨论着烧制。

滨田和岛冈评鉴刚烧好的器皿。

　　最后一间窑室和第一间窑室的烧制温度基本都是1293℃，但第一间窑室降温最快，导致釉面效果完全不同。最后一间窑室受热最久，成品表面也不一样。

　　几个小时后，滨田带我们去林子里走走，让持续的工作稍作停顿。在大太阳下看了那么多的陶瓷，眼睛也要休息。

　　我们走在林间，聊着在这里采到的蘑菇，山边发掘的古墓，滨田在这里发现的古陶俑碎片，还有林间的小屋——那是战争期间他给东京的朋友盖的。朋友的儿子得了肺结核，日本人很怕这种病，所以病人找不到住处。滨田得知此事后，用十天盖了这座房子，朋友和儿子住在这里，直到儿子去世。滨田说这地方真好，除了树林什么都看不到。我们像往常几次一样走过茅草堆，他赞美着围着农场种的一圈用来防火的高大日本橡树。他说他怕起火，这也是为什么房顶的家徽都象征着水。

　　院落里堆放着一些栗木的木料，是他购买的最后一幢老房子的部件。这幢房子至今尚未重建，会用作明年计划修建的个人纪念馆的一部分。

　　所有人都被叫到主屋享用午餐。晋作的妻子把米饭从一只大木盆倒进滨田做的一只定价两千美元但有磕损的大碗里。热腾腾的米饭中混着豆子、葡萄干、坚果和香料，这是滨田家在特殊的日子吃的节日饭。当然，开窑是个特殊的日子。冈把盛好的第一碗饭放在了英式壁炉上的小神社前，饭碗摆在两只插了松针的瓶子中间，以作供奉。

　　大家吃过米饭后，滨田起身要去继续筛选成品，说自己一边看着器皿出窑，一边在脑海中安排着作品的去向。门房那里有块区域放置着展览的东西，他建议我们到那边继续讨论，我便随他从窑边移步展品区。原来还是有受邀来访的客人，因为佐久间和岛冈已经到了。佐久间是滨田在益子最初的伙伴，两人一起在佐久间父亲的老工坊里做陶，年轻的佐久间也从这位游历颇丰的朋友身上收获了新的认知。于是，三人一同前去观看陶艺大家最新的作品。

滨田高兴地向一位特殊的访客展示新试烧的草木灰釉。

釉烧开窑几天后，滨田已经检查过了所有成品，院落对本地经销商和想要购买的访客开放。

　　他们评论着出窑的器皿——这只太弱了，颜色不对；那只好，很有力量。黑釉有时会泛着暖绿的暗调，或许是因为窑里的烟太浓，也可能是烧制的温度和时间不够。滨田喜欢这个效果。上了褐色泥浆的茶碗，因为泥浆中含有很少的铁，所以还原成了发绿的青瓷色，颜色较烧制前更加微妙。一只茶碗上绘有新的美国印第安编筐图案，草木灰釉积在底足的修坯痕上，整体釉色呈粉灰色。滨田喜欢成色偏绿的效果，那样更安静。

　　滨田拾起另一只茶碗，说碗壁上的刷纹很好，但是他忘记了原本想要的棕色口沿，也就是说，他忘了让助手在釉绘后蘸一下铁釉。装窑前有六十五只茶碗要施釉，滨田经常同时处理两只，紧要关头的确容易忽视这种小细节。他和陶工们都是一起工作，大多数时候没法指挥，但如有操作不当或窑位有误，滨田能够敏锐地察觉、纠正。

这一窑的成品在室外摆放了几天。百货商场的人和其他买手前来选购。笃哉负责销售、编录和定价，除了计数誊写、用手指弹听检查开裂，他就蹲坐在矮凳上，拿金刚砂打磨一批陶器的底足。如果一件器皿在他用指尖或关节弹击时，发出高频似铃声般的回响，就说明作品没有裂纹。有两位经销商看他敲击器皿，也兴致勃勃地想要尝试，结果只听到了沉闷的声响，才意识到因为手拿侧壁闷住了铃音。另一位工人过来，和笃哉一起检查了神户这家百货商店挑选的约五十件陶器。

器皿放在小路边沐浴着阳光，滨田在本子上写写画画。他常用这种方式把事情印在脑子里，之后也不用再看笔记和手稿了。人来人往，数千件陶器越来越少。展览的几百件选品还在石板路旁，被观赏、讨论、移除、替换，他就这样组好了要送去东京的展品。

当展览的作品和次之供店铺售卖的佳作被分走后，我看着剩下的这些普通的成品，想起曾经的那一幕：同样成排的大量素烧坯，或是刚上了第一层基釉的陶坯，滨田躬身或直立其中。他和几个工人成组，挑出一些陶坯放在一桶釉边，系统性地计划每一组陶坯如何上釉。当这批器皿完成运走后，他移步另一组陶坯，重新计划每一只的装饰方法。周而复始，一次性考量数百件器皿。

如今看着这些陶器，每一件都各不相同。特殊的窑位、两种釉的叠加、色彩的淋染浸蘸、独特的笔触，这一切让每件作品拥有了属于自己的生命。这样的韵律和体系源自同时制作大量作品、大量相似的器皿。如果仅在一件作品上投入过多的关注和思虑，无法呈现出同样的随性和必然，只有通过庞大的数量才能实现这种效果。

在我看来，滨田的工作之道由三个相互依存的方面构成：主体工作是核心，釉上彩绘和盐釉作为延伸。传统制陶的日常流程是工作的主线，由滨田和熟练的工人们共同完成，后者在滨田的引导和监督下，似乎成为他双手的延展。

日常工作的循环需要强大的组织力、控制力和对所有细节的关注，以高难度的传统手工制陶方法实现其制作实用器的目的。釉上彩作品要求对材料高超的把控能力，要通过多年的经验才可内化。更重要的是，釉上彩绘需要超凡的艺术技艺和极为敏锐的预视烧成效果的感知力。反之，盐烧有着令人亢奋的戏剧性——在岩盐的爆裂和窑炉的幻化中，结果充满随机的可能。

工作主线循环性的交织和重复让团队不断再生，滨田则是其中必不可少的组成部分。

盐烧的随机性和釉上彩精深的控制力，为滨田自身的再生提供了不同的方向，虽然两者也是重复过程的一部分。它们以对立的特质彼此弥补、共同构建出新生的力量——盐烧和彩绘是滨田自己必不可少的创作，维系日常工作的完整流程则营造了一种平衡。

傍晚六点，天已经暗了一个多小时，弦月当空，空气寒冷，滨田和晋作仍旧站在这里记录作品，两名工人按照编录挪换搬运着器皿。

新的

循

混过的陶泥要不停用脚踩揉，随着泥越堆越高，工人会站到房梁的高度。

"做陶不应该像爬山，而应是在令人愉悦的微风中走下山路。"滨田曾经这样告诉柳宗悦。

第二天一早，陶坊中开启了新的循环。刚刚经历了快节奏的上釉、烧窑，以及开窑的激动，此时工人们放慢脚步，回到工坊的日常。

滨田却兴致勃勃地想要尽快开始为东京的展览做最后一批东西——盐烧。他基本上会亲自制作两百至三百件不同的作品。虽然盐烧在其作品中占比较小，却是为了实现展览所期望的丰富度而必不可少的组成部分。

在接下来的几周，他会再去东京两次，烧制一些釉上彩器皿，并继续拜访皇宫——他受邀定期向天皇讲授民艺相关的知识。

工人们又要开始为做陶准备泥料了。从工坊后部堆放的巨大泥堆上铲下泥料，冈用手推车运到工坊的另一侧，一车一车湿润柔软的新泥被堆得越来越高。篠崎光脚站在泥堆上，像跳民间舞一样用脚揉泥。随着泥越积越高，篠崎的头已经能碰到房梁了，他便扶在一根竹梁上。所有人都在拍手嬉笑，整个过程充满欢乐，这也是揉泥不可或缺的一部分。

几周来工作产生的干泥屑堆在工坊一角的墙边。这里的泥土地上有块水泥地面，几天前泥屑上洒了水，水分渗透后，用铲子和耙子把湿泥打匀，再重新揉制。回收的泥料会混入在工坊中陈腐了一年的北乡谷陶泥，这样泥料的致密度就刚刚好。

混泥的过程还有另外一个步骤。在工坊这一端的另一处，一百八十一千克的濑户产木节土[1]被倒在水泥地上，人们用手在泥粉堆中央掏了个坑，把水倒进去，就像小孩子在沙滩上做了个能跳进去的水坝一样。这一堆木节泥的面积约1.2米 ×1.5米，泥堆中央蓄着水放置三天，直到被充分吸收。因为益子陶泥在高温时太脆弱，所以会在混了回收泥的本地陶泥中加入少量细密的木节土，再全部通过一架自制练泥机混合。之后每块陶泥在使用前，还要进行两个小时的手工揉制。

1　木节土：产于日本爱知县濑户地区的陶艺黏土，呈灰色或暗褐色，内含碳化木片。

从陶矿运来的湿泥要先经过自制练泥机的处理再揉泥。

滨田的明治风格屋宅。在他建成一座真正的博物馆之前，这里用来存放世界各地的民
艺和手工艺藏品。滨田管这幢房子叫收藏馆。

滨田的收藏馆

准备制作盐烧器皿所需的泥料花了几天时间。滨田说，这下我们
有时间看看他的收藏馆了。我曾见过他带几百名访客走进了这座房子，
自己也偶尔进去过。这次滨田亲自带我过来，也是为了实现他此次邀
我来访的目的——现场调研。

收藏馆所在的建筑，是院落里所有老房子中最大、最美的。滨田
收藏了三百把温莎椅，其中五十把今天拿到屋前通风。滨田把这幢房
子迁来重组后，一直作为私宅，直到个人收藏的存储问题迫在眉睫。

1

2

3

1、2　滨田所有的英美温莎椅每年都要拿出来至少晾晒一次。

3　　　滨田收藏的查尔斯·伊姆斯椅和脚凳，他只会偶尔坐在上面。

十年前，滨田把这里当作自己的修道场，空间宽敞通透，藏品存放在墙边的大柜子里，每次只拿出一件展出，剩余的空间开阔宁静。如今则不然。这幢有着厚重的茅草屋顶和镶贝大窗的屋子里，堆满了盒子与木箱，很多甚至都没有打开过。

放在室外通风的那些椅子深为滨田所爱。环绕其间，他时而拍击，时而用手摩擦木料，还让我试坐一把。他指着一把结实而棱角分明的直背老松木椅，想象着那是领主的座椅。他摸了摸一把少见的藤编座面的夏克椅，以及一把美国殖民时期的温莎椅，又移步一把古英格兰椅子，点评道，英国货似乎总比美国早期的椅子更笨重。他指着这把英国椅子的座面，让我看上面的磨损多么耐人寻味。有的磨损处甚至长达 2.5 厘米，还有磕碰的地方，就连劈痕都已经磨得圆润。

"这是我的第一把椅子，"滨田举起椅子转动着端详起来，"刚去英格兰的时候，钱不够买椅子。我买了几块手表。后来有位朋友从日本前往欧洲，我就让他帮我将这把自己看上的椅子带了回来。我向他描述椅子的样子，画了一个地图，他在英格兰的时候就去到店里帮我买了下来。椅子送到时，我放在了京都河井宽次郎那里。他对这种东西没什么兴趣，就摆在了庭院里。后来椅子坏了，掉了几个钉子，河井就用釉修补。现在真是比之前好看多了。"滨田指着饱经风霜的灰色木质扶手上三处小洞，里面塞着凸起的蓝绿色玻璃似的釉制小球。

房子入口处放了一组滨田在加州购买的查尔斯·伊姆斯椅和脚凳。我仍然记得，在洛杉矶滨田纠结了很久，我们几次回到店里陪他盘腿试坐在上面。他不知道是否应该让自己拥有这把椅子，因为他太喜欢了。他觉得这椅子是一件真正的佳作，伊姆斯一家也是他珍视的友人，但是他知道，如果自己买了这把椅子，就得发誓不能老坐在上面。

门廊朝着树林的方向挂着一把香港柳条椅，周围还放着几只冲绳陪葬罐、一只秘鲁陶牛、一件唐津烧大碗、美国盐釉奶酪罐和一只铁锈红色的 17 世纪西班牙箱子，绘有精美的农村场景。滨田一边讲述着

收藏馆的门廊处挂着一把丹麦吊椅，晾着一张日本蓝染刺绣床单。

发现这只箱子的经历，一边赞赏着上面的绘画。然后他拿出了几块镶在玻璃面画框里的古老的埃及科普特（Coptic）布料，又给我看了一件精美的绳饰护肩，附有芦苇编织的以便背重物的背衬。之后是更多种面料：日本北部针脚细致的小巾绣、圣布拉斯 (San Blas) 印第安人的彩色织物、一件日本围裙，还有两块固定在纸上的日本靛蓝色与白色相间的手织棉布。这两块棉布的样式赏心悦目，均有城堡图案，早年间用作日式床垫套。他说布料需要晒一小时太阳，就把它们摊平在门廊上。每当天气好的时候，一部分藏品都会被拿出来通风晾晒。

这幢大房子里塞满了宝物，虽然不一定多么昂贵或精美，但都是心手之作。墙上挂着滨田乐此不疲地收藏的许多欧美老钟表。管理者

滨田收藏的彩色日式床单和冲绳骨灰罐。

花了四十年编录、照料这些藏品，但他的工作总是还差一半，因为藏品在不断增加。装着最重要的陶器的木盒上都有照片，但编录完全跟不上纳新的速度。

即使在这里花上几天，也看不完所有东西，就连滨田也不确定自己是否每件都看过。我的目光被几件西班牙圣像吸引，滨田说还有更好的，但是他不记得在哪儿了——"房子里的某处"。我看到一些滨田做的陶器。他说："是的，我保留了大约五十件。在我新建的纪念馆中会有两个滨田的展柜。"

滨田指向一架日本流浪艺人四百年前使用的彩绘木台，品相并不好，太矮、太厚也太粗糙，且有虫蛀。"一般来说，应该更薄、更轻、

滨田收藏的小木柜、美洲印第安篮子和阿姆拉什（Amlash）雕塑，他的收藏馆中有着数百件宝物。

比例更好，但是我喜欢这个，有力量感、稳健牢固。"他向我使了个眼色，示意这些特质我们已经讨论过许多次。他说他应该配个玻璃罩，避免进一步的腐蚀，但玻璃在日本太贵了——他的意思是，他完全不想把它存放在玻璃罩里。

大多数房间都铺了厚厚的榻榻米，其余的地面是打磨得很漂亮的黑色榉木。房顶上嵌着一排排从中劈开的棕色竹竿，还有厚重的黑色木梁。到处都是抽屉柜，有大有小，本身就是藏品，但里面也放满了小件收藏和布料。一个展示柜中都是日本产高脚玻璃杯，滨田说约有五十年的历史，用来吃欧式冰点。

地面和架子上放着很多波斯和中国的古老陶器，入口处的一只大罐子看起来像是老的常滑烧，但滨田说产地可能是金泽——只有鉴赏家才能识别不同之处。藏品中还有很多大小、形状、产地各异的鼓。滨田走开了一下，很快又拿着一根打磨光亮、又重又长的木棍回来，问我知不知道这是什么。大木棍看起来像是用来把铁壶吊在日式火塘上的工具，但我猜错了。它是在搭房顶的时候夯实稻草的工具，平的一面刻有明显凸起的纹理。滨田说他很喜欢这件牢实的工具，有一次试着用它拍击湿坯表面进行装饰，就像他使用那些刻纹木拍子一样。他说结果看起来太像魔鬼的脸了，于是作罢。

自从五十年前他第一次去往欧洲、克里特岛和埃及，滨田就开始在国内外购买藏品。他尤其热衷于美国阿巴拉契亚山脉地区、宾夕法尼亚州荷兰郡的民间文化，以及印第安人的各种文化与旧物，特别是明布雷斯（Mimbres）印第安人陶器。他有几只罕见的9世纪美国西南部的浅色陶泥制作的器皿，上面绘有简单的黑线小画，每只都花了滨田几千美元。我问起他上次一起在加州时买的那些在哪儿，但他不知道，这里的东西实在太多了。我们看了一些美洲印第安人的编筐和西长毯、墨西哥挂毯、当代波斯和希腊织物、台湾串珠、玻璃珠做的戏服肩饰和几件小型埃及青铜制品。他说自己在日本各地也买了一些东西，尚未提货，例如一些老箱子，以及最近在东京的展览上收购的装裱好的圣布拉斯彩色织物。所有这些藏品都会存放于他在这里即将建立的纪念馆，这也是播种的路上向前迈进的坚实一步，而他每日都在用心耕耘。

日本展览通常在向公众开放前邀请特殊客人优先购买，滨田的大多数藏品就是这样收购的。艺术和古董商知道他想要什么，喜欢什么或者可能在寻找什么，于是会告知他很多藏品的流通。对他而言，真正的乐趣还是自己搜寻，找到一些佳品或收藏中没有的物件，以及在极少的情况下，发现一些他都不知道的东西。

滨田满腔的热忱，加上长期在书籍和世界各地的博物馆中学到的知识，让他成为一名艺术史学者和考古学家。他基本能准确判定一件物品的作者和年代，但他会把这些知识放在一旁，单纯地欣赏作品本身。

回到门外的椅子那里，他拎出一只椅背刻有曲线的木椅，指向椅背前侧被磨平的弧线，以及被久坐压弯的椅面，这都是常年的损耗留下的美好。滨田最欣赏物品上自然的曲线，那是使用与爱的形状。

思考

我们在滨田的收藏馆里看了几个小时的藏品，和过去几个月忙碌的日常工作相比，这段时光对我们二人来说都是简单而奢侈的休憩。德博拉今天要离开益子，几周后在东京的展览上与我们会合。滨田请她最后一晚留下来陪我们，以便当他需要时帮忙翻译他想传达给我的东西。他把想说的话用日文写满了很多页纸，但他不看字稿，用英文和我对话。

我们坐在火塘边，滨田倚在护栏上，目光闪烁，双手像开始拉坯前一样摩擦着。他拿着纸稿，但脱稿对谈。

"我们经常使用'创造'这个词，人们不假思索地挂在嘴边，但我不喜欢。我的器皿，不是被造出来的，而是生出来的。

"如果你无法赋予作品生命，就不能称之为创造力。但创造很难。说真的，如果没有神助，你无法赋予事物生命。

"常人认为'好'意味着稀少或不寻常，但真正的好是一个很有难度的概念，所以人们满足于把好当作不同。他们被此想法蒙蔽，于是喜欢做惊世骇俗或出其不意的东西，而且蒙蔽了大众。在当下的流行语境中，他们寻求标新立异，以满足自己的虚荣心或借此炫耀。这是常见的创作动机，也是认为自己在创造的普通人真正在做的事情。

"栋方志功说：'我不为自己的作品负责。'这很耐人寻味。他的木版画价格昂贵，享有盛名，但他却这么说。我们对作品不负有责任，这样的态度实则是真正负责任的态度。

"做东西的人，要能俯瞰世界，也要比任何人都向地底探测得更深。拥有所谓的个性没什么用，只是空话，毫无裨益。

"益子和冲绳都有扎根于传统的无意识根系。打个比方，比较花园里的盆栽和山上的树。如果是盆栽的话，天气稍差就要搬到室内，干了就要浇水。你会为它修剪枝叶或设法让它按你的意愿生长，是否让枝丫长长都取决于你。传统的陶人就像是盆栽。在这种情况下，你要留意天气和干湿，花园里的盆栽本身其实只是半棵树，它的另一半取决于你如何打理。

"山里的树自己生长，这是我想成为的。

"如今的传统陶人有了自我意识……这不好。为什么山里的树好？根系强健，树干优美，即使弃之不理，枝叶也会茂盛生长——你不用矫正形态或修剪，它们自己就很好。

"如果益子和冲绳没有这样良好的根系，我不会选择在这两地工作。皆川升一生做了六百万余只茶壶。当你做了这么多，就是作品自己在做了。

"我的朋友佐久间先生像个宗教信徒一样热衷于陶瓷，但他热衷的是陶瓷，不是宗教。如果你能在作品中表达个性，这通常没有问题。佐久间和益子这个地区有着自己的个性，但通常出生在这里的人们并不知足。佐久间的作品很自由，充满想法。一个人常常费尽心思想要获得新的想法，但佐久间不为此而工作，他只是'有了'一个新的想法。他已把'工作'抛之身后，他的脚下现在有着真正的源泉。

　　"水在地下流淌，时时处处，人们必须要获取这样的清泉。大家通常从江河的支流取水，但地下的泉水任何有心人都能勘测。获取溪流中的水易如反掌，但地下的水才是源泉。

　　"即使佐久间有了新的想法，这想法也会带有土地的气息，或者就像山里的树一样。当你到了那个境界，就能走得更远了。

　　"向前再迈一步，当泉水变成了你的血液，至此我想你会感到无所不能。

　　"还有一点：在日本，你需要用敏锐的视角甄别。如果一位茶道大师说这个好，大家都会附和。想要反驳大师很难，所以如果真的是一位出众的茶师表示认可，人们就跟随他。在日文中我们会说一个东西让人红了眼，意思是双眼需要被净化，用真正属于自己的眼睛甄辨。但如果茶师的权势强过你，就很难净化自己的双眼。跟自己的老师在一起时，当心不要被知识的窠臼所限。

　　"有些禅师问弟子：'哪边是右？'无解。'哪边是左？'无解。这就是答案。

　　"另一位和尚说，说右是对的，说左也是对的，是同一回事。例如，笑和哭是同一件事，都没问题。我们每天都会重复一些事情。

　　"有一次我在裁缝那里定制西服，他注意到我的右臂比左臂长 1.9 厘米，我自己都没注意到。这意味着我已经靠此拉了四十年的坯，我太感激裁缝告诉我了。但是即便知道了我的手臂长度有 1.9 厘米的差别，我的作品也没有发生太大变化。或许从第一件作品开始，我就是无伪的。

　　"当我觉得一件东西做得好，必须要源于我自己。年轻的时候我想过要模仿。但那是一种谎言。

　　"孩子们每天都会哭和笑，但这是同一件事情。孩子做的每一件事都很重要，都是一样的，都有意义。我们家就是这样带孩子的。"

　　滨田把眼镜架在额头上，面色严肃，目光和蔼，继续说道：

"房间每天都要打扫整理，我们不能把今天的凌乱留到明天。在日本，打扫完的房间又会积上灰尘，灰尘越多越好，因为这意味着房子是活的。

"东京展览中有三分之一的作品是好的。我的所有作品中只有大约十分之一值得展出。我希望这个比例可以达到三分之一，但我觉得目前还是只有十分之一。但愿我死前能做到百分之百，这样我就能毫无牵挂地睡去了。

"曾经人们能做到这点，但现在很难。任何人都可以只挑出好的东西，把剩下的都扔掉，但如果是一个人的日常作品，展出既不好也不坏的也可以。

"任何人都能挑出自己作品的十分之一呈现一个好的展览。这很容易。但如果你展出自己几乎所有的作品，却仍旧是个好的展览，那就更好了。

"这就像在游泳比赛中，冠军只赢了一个手臂的距离。但你的身体肯定是领先的，所以大家看你的后背就知道你是冠军。

"朝鲜李朝的手工匠人很优秀，他们就是这样的。通常人们做展的时候，只把头露出来，藏起尾巴。"

我提及在洛杉矶的时候，他曾毫不相干地突然说："我曾以为伟大的艺术或物件源自树的根系，但随着年龄渐长，我想不是这样的，是源自枝丫，再后来我认为是源自树梢的细枝和树叶，但如今我明白是源自内心。"他记得说过这样的话，补充说他没有改变自己的作品，是作品自己随着时间变化。

在这些思考的末尾，滨田说他从不信任能言善辩却只说不做的人。他从不大量写作或宣讲，原因之一就是他觉得作品在替他说话。"你得先做很多，才有资格讲话。"

这就是滨田今晚独白的要义，他用语言总结了我所观察的实践。我所记录的，是他在年轻时同里奇和柳宗悦开启的模式，横跨英国与日本、西方和东方。滨田就像一棵山里的树，引领着他的工人、工作和生活之道。

制作盐烧陶坯

盐烧的陶坯很快就做好了，无须上釉，未经素烧的陶坯使用盐烧专用的特殊两室窑烧制。1956 年，滨田需要新的挑战，就盖了这座窑。

在窑温达到峰值时投入岩盐，盐中的苏打与陶土里的硅结合，形成橙皮质感的光亮釉面，颜色基于陶土或装饰泥浆的色彩。德国早在 12 世纪就发展出了盐釉工艺，英格兰及之后早期美国也随之出现，用来制作最普通的实用器皿，例如黄油罐、水壶、杯、水罐、储物罐和水管。对于滨田来说，盐烧的有趣之处在于，制作过程刚好兼具控制和变化。

滨田制作这些器皿的方式是随性的，甚至有些玩乐的意味。他拉制罐子、切割侧壁，制作水罐、塑把手，拉制茶碗和高瓶，还让正夫用石膏模具压制方形瓶。拉大罐子的时候，助手蹲在对面帮滨田转动陶轮。他为了制作这一窑的器皿不停工作。

滨田时而将湿泥拉成某个器型，时而停下，用手指在空中比画出自己想要的形状。一位陶艺家想要为了展览尝试新的器型或许很正常。滨田要自己制作装满这一窑的几百件作品，像谱写交响乐一样拉制出各种不同的形状。作品充满丰富的变化，但又高度统一。几天之内就诞生出的所有器型，和他日常与工人们协作出产的并无二致。我已经观察到，这种丰富是家常便饭，他的人生过程就存在于这些器型和装饰中，就像他做的其他所有东西一样。

泥料对于盘泥条拉坯有点软，但陶轮转速很慢，拉坯的力度轻巧且沉着。基础的器型做好之后还要拍打、切割或绘饰，每件器皿滨田都会

半干的陶坯准备盐烧。

投入大量的时间和耐心，即使在之后精细处理的过程中也悉心保留新鲜感，这实在令人折服。滨田正在给一只罐子扩型时来了个电话，打断了他的工作。他说今天是他的生日——12 月 9 日，并邀请我共用晚餐。女孩们会做他最喜欢的甜玉子烧，但他抱歉地说这只是一顿简餐。他通常喜欢和孙子们在餐厅庆生，他说自己"每年都年轻一岁"。

晚饭时，滨田说着自己接下来几天的安排。他已经念叨了一周，因为时间太少、事情太多，所以要不停地自我强化。他说或许明天会开始盐烧窑的装窑和预热，因为刚拉好的湿坯，必须用一种特殊的木炭慢火烧制。

木炭是工人自制的，过程漫长。当一棵树长得够粗了，就会生火将其制成木炭，大约要烧两天。过程中要时刻留意火势，保证刚好的空气含量，不然，滨田笑着说，剩下的只有灰，没有炭。

滨田在拉制盐烧用的直筒罐并调整器型。

　　如果明晚开始预热盐烧窑，需要二十四小时的烧制才能达到投盐的温度。那时他们要快速添柴，加强火力，然后投入九十千克的岩盐，之后取出试片查看盐釉的累积，并继续投盐，直到试片呈现出满意的釉面效果。

　　滨田提起即将在东京举办的展览和自己生活的现状，说自己从来没有像过去两年这般忙碌。每一次展览都要工作到最后一刻，甚至在展览当天凌晨两点半开窑，选出展品包好，连夜摸黑开车五个小时前往东京。早上八点半抵达三越百货，上午十点开展前完成陈列。这一次，他会提前一天先去东京，把已经用卡车运过去的作品先做好基础陈列，当天再返回益子，编录这最后一窑。多年来，他常在展览期间如此忙碌，但如今好像每一天都是这样。

　　在三越百货，滨田只负责提供作品，他说百货公司知道定价。他很不擅长定价，以前是柳宗悦帮他做。展览的作品通常售罄，每一件器皿都会在售出后尽快定制木盒，做盒子的人已经为滨田做了四十年。每件器皿已经量好尺寸，定做木盒的准备一切就绪。

我想起多年前我和滨田在洛杉矶的机场，当时一场纽约的大展马上就要开幕。作品已经从益子运到纽约，但他尚未定价。我得在滨田飞往纽约的时候给艺廊总监打电话沟通价格，这样才能赶上开幕。是的，我记得，滨田讨厌给器皿定价。

这些年来，滨田在美国获得了巨大的认可，以至于为数不多的展览都会售罄。藏家争前恐后，博物馆请他做示范，他还被邀请去了白宫。约翰·洛克菲勒三世（John D. Rockefeller）的妻子用一堆炭火迎接他，以表久候。但最得滨田欢心的还是在玛丽亚·马丁内斯（Maria Martinez）所在的圣伊尔德丰索（San Ildefonso）普韦布洛村落，以及优胜美地的谷底。不喜定价可以理解，不论是在日本、美国还是其他任何地方，当金钱价值不是本意，定价并不容易。

东京展览的作品在门房前经过了数日的筛选调整，终于由晋作和工人们一起进行了编录，他们用毛笔在五边形纸片上以日文写好编号，手贴到每一件器皿上。滨田会把重要的作品画在一个本子上，以此强化对某件器皿的记忆。出于同样的目的，他也会画下自己的藏品和在博物馆里看到的东西。

今天路边摆着在冲绳特别制作的陶器，难得一见。其中有些是这些天烧的釉上彩器皿，此刻正在为东京展览进行编录。

滨田几次短驻冲绳，用岛上的深红色陶泥烧制器皿，施以当地白色化妆土以及珊瑚制成的釉料，再空运回益子上釉上彩。其中有小墨瓶、带盖的罐子、十只附盖的盒子和大约三十只茶碗。每一件都非常好看，但有些特别精湛，例如一只看着很舒服的陶碗，紫红色胎底，乳白化妆土，琥珀色的笔触下透出岛上含有杂质的钴发出的灰蓝色，割面上饰有红绿彩绘。很多碗的口沿处都有一圈铁棕色的饰线，衬托半透明的铁锈红和清澈的草绿彩绘。

滨田经常使用一把粗刷在盐烧坯上厚厚地涂一层白色泥浆，称为"刷毛目"，
他会在上面绘制图案。陶坯在盐烧前不上釉。

装饰好的陶坯放在贝壳支钉上准备装入盐烧窑。

　　这些器皿气度非凡，又细腻沉静，就像穿惯了的衣服，或者用滨田的话来说，陈过的酒，口味和力道都被岁月打磨得温和了一些。在结了晨霜的深棕色土地的衬托下，这些产量稀少的冲绳彩绘器皿摆放在方形石板或饱经风霜的木板上，让人大饱眼福。

　　盐烧还要再做五十只茶碗，另外还有一百多只陶坯要用浓厚的白色泥浆刷毛目。我这才意识到，每次他跟我或家人说自己还要做什么，都超出实际的可能。这些话是他给自己设的更高的目标，即使难以达成——总有还要做的事。

　　特制的木炭从稻草包裹里小心地取出，开始盐烧窑的预热。两间窑室的窑门预热时先用纤维板，再用铁板挡住，部分挡住火膛添柴口

除了火膛，盐烧窑有两个窑室。

用刷毛目和氧化铁图案装饰的陶坯放在贝壳支钉和泥片上，所有盐烧的陶坯都要这样装窑，以防烧制过程中粘在层板上。

的板子四周可以隐约看到炭火的微光。明天下午开始装窑，投盐前要升温二十四小时。

为了赶上展览，这窑烧完后必须在六小时内完成降温，天气严寒，控制好降温过程以防开裂也是这一系列技术活中的重要一环。

今天来了几大组访客，同往常一样，滨田抽时间带他们参观收藏馆和工坊，一起用茶。负责管理滨田日程的几人对这些干扰心烦意乱，尤其是有些客人之前已在电话上被告知今天不要到访。每当有人占用了滨田白天工作的时间，家人都很担心，因为这意味着他晚上要在冰冷的工坊长时间工作。一名医生每隔几天就来给他量血压，如果太高就会警告他放慢工作、休息。能看出滨田的确想要遵循医嘱，但这仰赖于工作事务的强度。

门房的大木门如今每日紧闭，为了保护从门房到主屋间的石板路旁放置的数百件器皿。这些展品要经过评估和调整。门外挂着不开放的指示牌，但客人们还是来了。

当季的蜜柑和梨子每天都成箱运来，存放在火塘边。几天前这里放了更多筐子，还有可口的黄色香橙、不同产地和品种的柿子和成捆的大葱，其中不少送去了东京的长子和长女家里。滨田太太说，蔬菜和水果能在低温下保存很久。

招待大量访客所需的食物数量惊人。数月来，我目睹了滨田家成筐地采购或收获食材，不停准备更多的食物。除了从日本各地买来或作为礼物收到的大量食品，院子里也耕作不辍。流通量如此之大，只有一丝不苟地持续关注每一份日常的工作，才能保证整体的运转。

盐烧窑开始装窑了。当我昨晚离开时，滨田还计划再等一天，这样今晚可以绘制更多的陶坯。有些茶碗还没装饰，装窑的开始意味着他选择到此为止了。后来我发现窑里放不下这么多的陶坯，有几件留在了工坊里。不过他目测得基本准确，在做的过程中判断想象几百件大小形状各异的陶坯将被如何装入窑中。

窑室装满后，正夫和篠崎会用砖块封闭窑门，只留投柴孔和投盐孔。

　　篠崎和正夫弯着腰各进一间窑室，冈把陶坯放在木板上递给他们。每件作品下面都垫了泥板和贝壳支钉，这些垫片都是定制的，先把陶坯的足压在泥片上，然后沿着压痕摆放贝壳，从而在烧制过程中提供良好的支撑。装窑过程很辛苦，为了把所有陶坯都装进去，要不停调换位置，冈也会单独递一只陶坯和垫片进去充填空位。牢靠的支柱和厚实的层板都上了高岭土粉，垫片和贝壳支钉也设计得足够稳固，能承受投入的木柴和盐袋。陶坯没有素烧或上釉，此次烧制和盐都能解决。

　　窑里放了9号和10号赛格尔温锥（Seger cones）。当温锥弯曲，就开始投盐。窑门用砖块和泥沙封好，散净落叶，砍掉烟囱那一段山坡上的杂草。还在学习如何烧窑的老爹把雪松枝放入焚口，让小火慢慢生起。

12月中的院落略显萧瑟，很多树的叶子都落光了，到处都是裸露的枝丫，像是速写画。湿润的空气让茅草屋顶上的新绿愈浓。悠长的鹅卵石小径两旁堆着橙红相间的枯叶。路旁和房屋周围修剪过的矮丛几周前还一片火红，如今只剩光秃秃的细枝。就连翠叶掩映下的竹茎也变成了棕褐色。光秃的树干和潮湿的黑土地上冒出了苔藓，但高大的防火橡树仍旧翠绿，庄严地排列在院落中。地势从门房开始沿着田边的小路逐级升高，爬坡的小路铺着原木，撒满落叶，泥泞的土路上，则铺着存放木炭剩下的草席。

盐烧窑就在工坊身后的最高处，先烧一天一夜，次日投盐。

盐烧

大家花了将近半天的时间，把木柴从山下的储存点沿着枕木台阶背到盐烧窑这里，在焚口周围堆成 U 形木垒。木柴的尺寸不同，粗大的投入火膛，细长的投入窑室。烧窑的老头坐在焚口前，柴堆正好帮他御寒。晋作在柴堆上吊了只灯泡。灰色的柴烟和陶坯蒸发的水汽从窑里蒸腾而出。

工人们都在无言地准备着接下来一整夜的工作，各司其职，这样充满温情的画面令人沉醉。这座窑很老了，经历了很多次盐烧。窑内的砖壁覆盖着盐釉，释放出残留的氯气，形成白烟从窑门排出。柴火的噼啪作响增添了些许神秘感，整体的氛围犹如一场狂欢节。如果使用清洁无声的燃料，就不会有添火、观火、听火这样的浪漫。

大家都围着火，像是部落的仪式。有活儿的人在干活，其他人也没去睡觉或离场，开始烧窑的激动之情让他们喋喋不休。茶食已经送

1

2

1　窑室投柴前会封闭焚口保持温度。

2　盐烧窑的底部开始生火缓慢预热。

3

4

3　每次投盐后都有大量浓烟涌出。

4　烧至最高温时，从窑室两侧投入木柴和盐包。

来，烧窑用的盐还没有完全备好。

岩盐打湿后用单张报纸裹成一包。因为这座窑已经烧了很多次，现在烧制一次不需要那么多盐了。九十千克的岩盐都用报纸包好，和木柴一起垒在窑室旁。

投盐在第二天下午达到高温时开始。大家心情亢奋又乐在其中，像投柴一样，但是更迅速地把盐包扔到窑里。随着盐的爆炸，窑火迸射，火星四起，含氯的白烟喷涌而出。投盐以这样的速度持续，直到窑的两侧都投入了三十个盐包，瞬息万变的窑火异常美丽。

盐烧开窑。

　　被灼伤的可能性让盐烧的过程更加刺激。只有在这里，釉的形成完全依靠火与元素的随机化学反应，直接附于陶坯之上。滨田说过，釉就像器皿的衣服，而在盐烧时，它们是一个整体。这是他最喜欢的烧窑方式。

　　第二天上午，盐烧窑降温结束，窑门上的砖块被拆了下来。开窑很快，正夫和篠崎在里面，冈、助手男孩和老爹把成品一件一件运到小坡下的木板上。焚口周围堆成木垒的柴薪都用完了，这块空地用来放置并检查烧好的器皿。篠崎和冈会把有明显瑕疵的器皿留在窑里或在地上单独归类。除了几只模具压印的瓶子，这些成品几乎都由滨田在过去几周亲手拉坯、修坯、上泥浆、绘饰，现在上好了盐釉。

　　品相好的器皿放到门房前的石板路旁被进一步观察和筛选。滨田

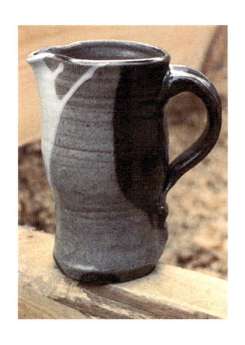

滨田很少制作水罐，这只盐釉水罐淋饰了白色
与黑色的泥浆。

盐釉模具成型方瓶，淋釉装饰，甘蔗图案。

终于有空过来，看看工人们是否落下
了什么他会选的东西，结果发现了两
件心仪的成品。他看着窑里那些死死
粘在了层板上的器皿，笑着说："我
们必须得重建这个老窑了，现在残次
率太高了。"

所有这些作品放在一起看，真是
气势澎湃，虽然不完全由于激动人心
的烧制过程，但某种程度上也正因如
此。这一窑选出三十多件佳作参展，
最好地呈现了盐釉的质感与特性。

或许作为展前的最后一搏，需
要用盐烧的随机性为整个制作周期画
上句号，但我觉得滨田是真的喜欢盐
烧。作品非常自由，走笔甚至有些欢
快。在浓厚的白色或暖灰色上用棕色
衬托蓝色黏土，各种器型上浓厚的白
色刷毛目装饰充满力量感，飞旋的笔
触、大块的点画或者淋洒的泥浆，衬
托着其他的点缀。当作品被陈列在门
房前的木板上，盐烧所特有的多样性
和冲击感令人叹为观止。

有的茶碗里落上了盐粒，虽然已
经熔化，但可以凿下来。除去盐粒，
敲掉贝壳支钉，底足上留下了一圈痕
迹。大家紧锣密鼓地工作，把器皿运
来做最终的筛选，因为滨田和笃哉马

黑白泥浆棋盘格装饰盐釉茶仓。

刷毛目铁釉装饰盐烧瓶，伯纳德·里奇收藏。

上就要坐车去东京了。

我拾起了一只被舍弃的五面茶碗，询问哪里不好。我挺喜欢的。滨田说不行，他在装饰时忘画了几个点。这再一次证明，滨田对自己的作品毫不妥协。如果装饰效果不和谐，就得舍弃；同样，盐釉太薄或者两侧差别太大也不行。

展品都贴上了预先准备好的和纸贴纸，上面用毛笔写着价格。在这最后一刻选出了更多的作品，器皿都用稻草或报纸包好，码到家里的两辆黑色大轿车里。滨田回屋前邀请我在他驱车前往东京之前最后共用晚餐，他抱歉地说餐食很简单，其实再美味不过了。去东京的三越百货车程是五个小时，布展还要花更多时间。现在已经入夜，展览明早十点开幕，可他还是要款待我，这是我们在益子的最后一晚。大家都筋疲力尽，但仍努力打起精神，我们快速地回顾了过去几个月共度的时光。

滨田宣告晚餐结束，快速起身移步铺了石板的玄关，穿上木屐，拾起几个包裹，在我们所有人的跟随下走向门房。

他和笃哉上了一辆车，冈开另外

一辆。两辆车里都放满了陶器。包括三名穿着白色围裙在内的所有人，都站在门房前在黑夜中摇晃着手电筒。滨田走了，我和晋作明天一起去东京，他在那边还有一些工作。我们明早离开益子，下午抵达三越百货。

用黑色含铁颜料绘制的盐烧罐。

盐烧模具成型方瓶，白色与含钴泥浆点饰，手绘甘蔗图案。

工坊出产的最大号的碗要在运输前用稻秆包好。

展覧

滨田检查釉烧新开窑的成品。

次日清晨，我们要离开这座村子了。益子用其特殊的方式影响了滨田的人生和作品，反之亦然。二者似乎都在以各自的方式，独立于日本从传统走向现代都市社会的宏大进程。

益子三公里长的乡镇主街从火车站蜿蜒向上经过滨田的房子。这里的妇女们把婴儿绑在背上聊天、工作，小店的木拉门沿着街道紧紧地连成排，偶尔被一条小巷隔开。杂货店、针线铺和花店临街的一面都摆满了明亮的黄色和粉色塑料用品。卖盆栽的男人的店里琳琅满目，旅馆还雇了花店的老板娘每周来更换我房间里的插花；种花生的男人在晾晒收成；精米店的夫妇二人特别勤劳。无数的陶瓷店售卖产自主街及支巷附近一百零五座陶窑的器皿，丰富的器型让人眼花缭乱。

这条窄街上鳞次栉比的商店得有数百家。店面白天打开，入夜关上木框玻璃拉门，店家回到内房。到处都是蔬果摊，简直供大于求。男孩女孩穿着蓝色校服去上学，手提包里装满了书。人们骑自行车载货，也把木柴或其他包裹架在背上或头顶上。妇女们穿着宽松的传统农裤或和服，街上基本永远见不到西方人。

益子有两万人口，轿车、公交车、卡车、自行车、手推车和行人塞满了主街，都争抢着一席之地。噪声是个严重的问题，最主要的来源就是车喇叭——超车的时候，想超车的时候，警示他人的时候，打招呼的时候，都按喇叭。

田里的碾米机噼啪作响，工地锤声四起，厚重的轮胎驶过路面发出单调的噪声，人们手上或扁担里的东西也咔嗒咔嗒响个不停。不过，只要离开主街沿着某条小路爬上山坡，或者朝任何方向离开这一小块区域，就能把所有无休止的声响抛于脑后。

松林中隐藏着几座神社，红枫环绕，浓绿相衬。虽离城镇只有几步之遥，却令人感觉身在幽林，远离凡嚣。我曾好几次站在这些丘陵上俯瞰山谷，稻田的黑土地上堆着收获的作物，老式的茅草顶农舍中点缀着蓝黑相间的瓦顶。做陶的人们辛苦烧完一窑后，经常来参拜这些神社。

总有黑烟从陶窑的烟囱袅袅升起，窑烟在空中形成倒锥形，向高空逐渐散开，从地表腾起的浓烟最终化为乌有。如果是无风无云的晴天碧空，窑烟就会在空中停留很久，最终向四面扩散开来，只在升起的地方留下一缕青烟。窑烟是这个村子的标志。

离开益子的路穿过稻田，稻草捆成各种形状，排成琥珀色的线条，在视线的远处交会。晋作和我开车穿过一些比益子更小的村镇，驶过神社旁的钓鱼塘和塑料布覆盖的草莓和西红柿大棚，掠过刚犁成小块的黑土地，以及黄绿色的卷心菜、生菜、麦子、洋葱、萝卜，远处延绵起伏的山丘上覆盖着红枫、金黄的栗树和常青的松柏。学校是双层的框架结构建筑，宽阔的操场上满是穿着蓝色校服的男女学生。我们行驶的小路上塞满了轿车和载着大量货物的小卡车，还有把婴儿绑在背上的妇女，推着货车、拉着马车、骑着自行车的男人们。我们从桥上跨过一段很宽的河床，水量很少，长满了一簇簇低矮的植物，被水冲刷平滑的鹅卵石无尽地延绵至远方。洗好的衣服朝着街道一面晾在屋前，竹竿穿过衣袖和裤腿，像稻草人的样子。日式床垫和枕头每天都拿到屋外晾晒。日本的村民很在意邻居，虽然住得近，也会保证隐私，尤其是夜深人静的时候。

终于，乡村消失在视线中，来到乌烟瘴气、死气沉沉的城市。东京塔，摩天大楼，霓虹灯。这是世界上最大的城市，也是最光怪陆离的都市之一。我深感遗憾，几个月的乡村生活一去不返，生命中一段重要的时光就此结束。

我与晋作抵达展览现场，开阔的展厅位于大型百货商场顶层。观展的人群排成一队，耐心地逐件观赏。器皿开放式陈列在展厅四周的宽墙架上，可以触摸。厅内灯光明亮，陈列没有刻意强化器皿，每件器皿只是单纯地摆放，各自拥有其独立的存在。

大号的陶碗放在长方形展厅的尽头。墙边是瓶子、花器和盘子，其中有些置于柚木托架上。茶碗都放在展厅中央的玻璃箱里，有几只

滨田的大碗在展览上立放陈列

很薄的一层柿釉呈现出无光的效果，上面淋了浓厚凸起的米糠灰釉和黑釉。

在玻璃上面展示。访客会小心翼翼地拿起茶碗，捧在手里很长时间。我惊讶于陈列没有试图做得更雅致，或在即兴展台上特别展示，西方艺廊常会那样做。

每一件作品都有标签。在冲绳制作的茶碗和在益子制作的釉上彩器皿标价约合四百到五百美元，方形盘售价九百到一千二百美元，其中最贵的一件上了棕色草木灰釉，并淋洒了四道米糠灰釉，边缘有拍打出的肌理。其中发绿的草木灰釉会在米糠灰釉边上积出深色的边缘，让质感更加鲜活。另一只方盘被棕色的铁釉线条分割成方块，分别施以柿釉和透明釉，深色背景上绘制红绿彩点，透明釉面上只画了绿彩——一种不同寻常的用色手法。滨田很喜欢的一只盘子是在褐色化

青釉底淋白色米糠灰釉。留意淋釉工艺使青绿釉底上出现的图案效果。

妆土上罩了白色米糠灰釉，饰以长串亮光黑色线圈图案，窑内的氛围让釉面颜色产生了一些变化；盘边用木拍压出肌理，浅色釉面下透出深色的泥浆，与线圈图案形成对比。还有一只盘子在米糠灰釉底上泼洒了亚光青绿釉，淋釉的动态效果似乎在浅色釉面上继续延伸。

展览上还有更多淋釉的图案，尤其是白底黑釉。其他各种效果的器皿也在展出，包括富有生命力的盐釉和绚丽的釉上彩。展厅中漫溢着我熟悉的色彩：棕色柿釉上的蓝绿青釉；白色米糠灰釉上浮过浅褐色铁釉；褐色化妆土上同时淋洒或浸蘸了白釉和黑釉，叠加出发绿的釉色；琥珀色的透明火塘灰釉淋洒在亚光青绿釉底上；铜绿色釉底被浓厚的白色米糠灰釉条纹分割；灰色或白色基底上淋洒纤细的亮光黑

青釉淋白色米糠灰釉和黑釉。

釉线条；釉上彩绘下泛出的冲绳钴蓝，这种灰蓝色与盐釉中的钴形成
的稍加明亮的蓝色，产生了微妙对比。

熟悉的器型也彼此相得益彰：中世纪风格的盐烧水罐；小底阔肩
陶罐；印坯扁壶和方盘；分段拉制瓶颈的陶瓶；茶壶、茶杯、茶碗和
小水罐；拉坯大碗和三十厘米口径的浅碗。手绘装饰与不羁的淋釉圈
纹或草书般的线条形成对比，其间散落着用釉上彩或棕色氧化铁颜料，
在透明并白釉上、蜡质隔绝层上绘制的竹子和甘蔗图案——这些标志
性的图案滨田已经画了五十年。展品定价从一百五十到两千美元不等，
展品旁的小标签上用黑墨写着日元价格。

滨田的好友、木版画家栋方志功也来捧场，两人行了鞠躬礼后，

青釉淋黑釉。此图呈现了不同的薄厚和窑位让青釉发生的变化。

一起观看展品。滨田向栋方解释说，他想在用透明釉分割出方块的方形盘上，更多使用柿釉的棕色仅搭配绿色釉上彩线条的双色对比。我还记得滨田在益子绘制这件作品。我留意到了它的不同之处，好奇烧制后的效果：只有这两种颜色，没有常用的九谷红来提亮，透着暖棕灰色坯体的透明釉上只画了绿彩。与高含铁量的深色柿釉相比，这样的搭配营造了一种不同寻常的色彩效果。滨田不经常创造新的色彩体系，或许这也是一种循序渐进的过程。

参观者排成单队或双队，绕着展厅缓慢移步好几圈，这样每个人都能看到展品。展厅中间有一张矮桌和几把椅子供人谈话交流。房间里除了陶器的釉色和形状没有别的装饰。百货公司的男员工穿着黑色

柿釉和青釉上淋白色米糠灰釉（米糠灰釉在不同的窑室中烧成的效果不同）。

西服站在显眼的位置，除非有人询问，否则一言不发。滨田站在入口附近，展厅外就是熙熙攘攘的常规礼品售卖区。他和认识的人打招呼，身边围着一群等待的人。

他和在益子的滨田判若两人，身上的西装是 1920 年就开始穿着的款式，很合身，但是似乎并不匹配。他看起来就和其他人一样，成了一名打理琐碎事务的生意人，这不像他。我很想再重温一下我熟悉的那个益子的滨田——含笑的眉眼、在火旁休息时经常发出的憨笑。

滨田的一生反映了这种鲜明的对立。他过着独特而简朴的乡村生活，却博学、云游四海、创立博物馆，同时还是考古学和古代文化的专家。他全情投入做陶，说自己必须要一直做陶，但有一半的时间都

黑釉淋柿釉。滨田称其为"自家特产"。

花在陶土以外的活动上。

　　他有金钱意识，但是不想管这些，所以别人帮他处理。他把大多数器皿都留给日本，没有试图卖到美国，但他却在洛杉矶的大学里非常投入地展示自己真正的工作方法。他会把器皿送给别人，也会给一只碗定价数千美元。他一直都给自己的陶艺作品附加了高昂的经济价值，因为在他眼中，现代物质社会必须让天然材质和手工劳动的价值得到进一步的提升。所以他在盛放器皿的精美木盒上题字，却不在作品上署名；他定价高昂，却不是最高的价格；他渴望益子没有访客的日子，但是每天都会亲自接待他们；他生活简朴，而他的作品被全世界追捧。滨田的风格独一无二，他的天赋让他能够平衡这些对立的价值体系，并形成了将他引向名望的生命之力。就像盐釉和釉上彩的制作过程大相径庭，传统制陶工艺和简朴的生活也与他的渊博形成了强烈对比。但这些对立的特质不可分割，他的生命力将每一缕人生都汇聚在一起——所有的作品，所有的行动，都是一个整体。

我在东京逗留了八天，每天都去展厅，想找机会和他分享新的发现和思考，就像在益子的茶歇时一样。每一天，这位身材圆润的男人都穿着西装，玳瑁眼镜架在额头上，礼貌地和所有访客鞠躬、微笑，他穿着皮鞋，一摇一摆，他知道我在现场，时不时向我点头。但每天都是同样的场景：名门、老友、官员和络绎不绝的访客与买主，滨田总是忙着和他们交谈。他让我和冈一起看了一部 NHK 在益子拍摄的关于他的电视影片，但我一直没有机会和他讨论。当然，他让我看影片只是为了我的调研，而不是他的兴趣所在。滨田开展前就跟我说，每天都会有午宴和晚餐安排，还有几场记者招待会，甚至都没有时间看望东京的家人，但我没想到他会完全抽不开身。最终，我意识到，自己已经观察了他好几个月，现在轮到别人了。我想到滨田在火堆旁讲的那个谦逊的农夫，他丢了自己的收成，跟妻子说："没轮到我们收获。"

圣诞季的东京，巨大的百货商场充斥着交映的图像和众多节日的玩具。五光十色的日式霓虹灯混杂着俗丽的西式装饰品和圣诞树彩灯，橱窗里满是美国式的节日场景。细雪阵阵飘落在水泥街道上。

在我离开日本的前一天，德博拉要去印度加入一座隐修院，晋作已经返回益子。我早上跟比佐子说，滨田还没看过我拍的照片，关于我去拜访他推荐的出版社的事情，也尚未讨论。我问她，觉得今天有没有机会？我知道她会提醒父亲我要走了。

下午晚一点儿的时候，我坐在展厅中央讨论区的人群中，看着观展的队伍缓慢移动。滨田突然转身甩掉所有人，站到我的椅子旁。我即刻起身，他带我穿过展厅来到百货商场宽阔的走廊。他走在很前面，我跟在后面，但是当他走到商场的主区时慢下脚步，等我一起并肩同行。在美国的时候，我们随时都能走在一起，但是在日本，只有在特定的场合他才能慢下来和我同行，而不是走在前面。

我们快速爬楼梯来到上面的西式餐厅，桌子上装点着桌布、玫瑰和银质餐具。滨田叫女服务生点了餐。他笑了笑，即使穿着英式西服，他又回到了益子的状态，就像我们离开村子的那天一样温暖明亮。但是为了这场在城市里的展览，他得成为一名在现代世界中打拼的现代日本男人，只有这样才能扶持他在传统世界中的创作和生活。东京的滨田和益子的滨田是同一个人，两种形象的叠加让我着迷。

滨田点了草莓圣代，一大勺冰激凌，上面点缀着悉心培育的大草莓精美切片，覆有小鸟形状的鲜奶油——配料风格很日本，吃完冰激凌我们喝了小杯特浓咖啡。我试着跟他说拜访出版商的事情，还拿出了一系列照片让他提提建议，但我能看出来他的心思在别处。

他关心的是美国刚把冲绳还给了日本，他得在那里设立一座大型博物馆，并为其收集藏品。展览一结束，他就会去那边启动项目。他言语中透露的热忱让我回想起这几个月的所见。滨田涉猎如此之广，视野宏大，他要为后人再度投身文化保护。他要为了冲绳一如既往地再收集一批民艺作品，这是此刻对他最重要的事。我这边的工作结束了，他通过这本关于自己工作的书，向后世传递了一些讯息。

滨田的一生是创作的一生，尚未结束。他已受封日本"人间国宝"，很多陶人和学生都在跟随他的脚步，有人可能都不知道是他在指引方向，也有人仍在寻找他已证实的这套方法。因为滨田的全情投入，也因为他希望指引方向，才让这么多人找到了这条路，但是极少有人能够比肩他的成就。

我目睹了他的创作核心，即为了完成这个展览日复一日的工作，这些展品是他所有作品中的典型代表。在东京的展览现场和在益子的陶坊里向访客展示并无二致，不过结束亦是开始，因为春天又会有更多的人造访。我能以亲历的方式调研实属难得，此刻滨田就是在告诉我，这一切并没有结束，展览只是循环中的一环，只是他传授与再生中的一环。

滨田突然起身，要回到展览上。他在二十七岁立下的志向尚未完成，他要做的事太多，时间太少。对于滨田这样的人来说，对于从地底的泉眼中迸发着生命力的人来说，一生永无止境。

附录

滨田的釉

滨田的釉料主要由五种核心材质调配而成：木头烧成的灰，日文中称为"土灰"；石料研磨成的石灰；寺山土，滨田说大概是长石质石英，一种劣等石英；制作柿釉的火山碎屑岩粉；还有米糠灰。按照滨田的说法，这些天然材质非常难以驾驭，"因为我用的是自然的混合物，具有无尽的复杂性"。

名为"并白釉"的天然木灰釉是一种基本完全透明的釉料，由土灰和寺山土以7：3或8：2的比例基于测试结果调配，有时为了增加透明度，会加入一些芦苇灰。

青瓷釉是一种蓝绿色的釉料，在并白基釉中加入6%的氧化铜。（在益子烧协同组合，这种釉是在碾碎的玻璃清酒瓶中加入更多的铜。）

滨田唯一使用的非自制釉料是一种由石灰石调配的透明釉，名为"石灰并白釉"。这种釉料是益子烧协同组合配制的，用在柿釉下面，滨田研发出此种施釉方法以防柿釉釉面的金属感太强。柿釉会呈现出熟透的柿子的颜色。日本各地柿子成熟的时间不同，在益子地区，11月24日的柿子最为成熟。柿釉是益子的传统釉料，但是滨田做了细微的调整以适应自己的制陶方法，并通过与石灰结合优化效果。

益子著名的柿釉是一种含铁量高的天目釉，由邻近村落坚硬的火山碎屑岩制成。火山碎屑岩在益子烧协同组合用机器磨成细粉，由陶人在素烧过程中煅烧，再经过辛苦的加水过筛去除杂质。釉料在使用时必须要充分持续搅拌。柿釉的颜色区间从橙色到棕红乃至黑色，滨田称其为"自家特产"。

浓郁的不透明黑釉是由柿釉和土灰调配而成的。

模具成型方瓶，米糠灰白釉和黑釉叠加出发绿的灰色，这是滨田最喜欢的组合之一。

盘泥条拉坯成型瓶试烧了流釉效果明显的木灰釉。每一批从火塘收集的柴灰都要经过测试，再调整成完美的配比。

乳白米糠灰釉很难调配。大量黑色的米糠堆在田里，由滨田的农夫从一端缓慢地烧向另一端。因为烧成的灰太硬，要送到益子烧协同组合球磨，之后在滨田的工坊里反复过筛清洗。米糠灰、寺山土和土灰以 1：3：10 的比例加水调配成基釉。烧制效果不一定理想，取决于每一批次米糠灰和土灰的成分。基釉要先在釉烧中测试，如果发蓝就没问题，如果太黄则须加入 10%—20% 的硼石（一种产自名古屋的长石）或者加入 10%—20% 水调并白土灰。

通常一次配制烧制三窑所需的釉料，烧窑时测试下一批釉料。

火塘里的灰基本要随时收集，因为要留意只取松木、栗木和柏木的灰。只有硬木烧出的白灰才是好的。所有木灰都要洗很多遍，用细筛过滤到像丝一样细滑，之后才能配釉。

木灰中含有的化学元素和长石、白垩粉、白云石、滑石、硼砂等矿石原料相似，例如钠、钙、钾、镁、硅。植物从土壤中获取这些元素，也会通过自身化学反应合成，但含量当然比矿石少得多，所以实现同样效果所需的木灰要多很多。

至于在底釉上绘制图案的颜料，滨田最喜欢一位铁匠提供的铁粉或磁铁粉。如果从铁匠那里无法获取，他就会在泥浆中混合铁和氧化锰。

淋釉装饰的时候，少量的釉料要先用四十至六十目的筛子筛两遍，再用 100 目的筛子筛到一只小陶桶中。浸在釉料中的毛笔隔段时间就要清洗，再放回去。釉料或化妆土的均匀度非常重要，要搅拌到丝滑的乳状。即使天气寒冷，也要用手和铲子不停搅散沉积的釉粉。

如果要混合两种釉料调配新的釉色，就会把存放在工坊外木桶里的基础水釉按一定比例倒入另一种釉料中。大多数釉料都在工坊外配制，然后运到窑附近。新配的草木灰釉和混合釉有时先用小电窑测试，再在五室窑里测试。

滨田的手动陶轮

滨田的手动陶轮和如今西方陶艺家用的任何拉坯设备都不同，其雏形类似于早期埃及、希腊和美索不达米亚文明中人类最初使用的陶轮——转盘架在地上的一根竖轴或石头上，用长棍或手转动。陶工俯身朝向转盘上摇摇晃晃的陶泥，交替平衡陶泥、转动陶轮。

滨田的陶轮转盘是一块宽厚的圆形栗木，精准地架在一根插在洞里的竖轴上，四周是一圈略高于转盘的平台，他盘腿坐在上面拉坯。木质陶轮上有四个均匀分布的镶铜小洞。滨田左手边放着一只传统益子风格的老陶罐，不论是白天还是大多数夜晚，里面永远装满热水，这样他只要有一点时间工作，陶轮都可以使用。转动陶轮的木棍在水盆上，拉坯用的陶泥已经揉好，盖着塑料布保湿，拉坯工具放在一旁。光滑的木台上放着一个方形坐垫，套着蓝白色织的传统棉布。

滨田静坐在陶轮前准备开始拉坯，双手放松，手指搭在木质转盘上。然后他缓缓揉搓双手，活动手指，他在其他场合也常做这个动作。他并拢左手的手指开始顺时针转动陶轮，右手拾起木棍，插入上面的一个孔里面，通过手臂和肩膀大幅度的动作开始迅猛地加速，整个躯干保持平衡固定，这样有助于手臂发力转动沉重的陶轮。这实在是一件非常费力的工作，没有尝试过的人很难理解。

快速转动陶轮五六圈后，他立刻放下木棍，双手捧住陶泥。在双手对陶泥的挤压下，陶轮只能承受几轮塑形产生的阻力，一旦转速开始下降，他就重拾木棍，熟练地插进洞里，猛摇手臂提速。完成提速后，他再次放下木棍，立刻开始拉两到三次。制作一件器皿要多次重复这个过程，虽然这样拉坯明显很辛苦，但滨田说他没有时间学习使用另一种陶轮。他一直都是用手动陶轮，依循传统方法，而正是这种最难的拉坯方法让他时刻面对鲜活的挑战。

由于手动陶轮的特性和问题，制作大型器皿或复杂的器型时，要在之前拉好的半干基地上盘泥条拉制。如果陶泥太多，陶轮会转不起来，转速也不够拉制大块陶泥，有限的转动时间不足以拉制大尺寸的独立器型。用盘泥条的方式逐段拉坯对于这种陶轮来说是理想的方法。这种方法也更适合滨田，让他在器型的设计上有了更大的自由度。有时一件大尺寸作品分三段完成：先拉底座，干燥一天后盘上泥条拉制中段；当陶坯达到合适的硬度，再盘泥条拉出罐子和瓶子的颈口。当滨田拉制小罐、罐盖、茶壶的部件和茶碗这些小尺寸器皿时，则会先扶正一大块陶泥然后依次拉制。

完美平衡的陶轮安静地转动，坐在陶轮前的滨田气定神闲。与之相对，用这种方式拉坯却是高强度的体力劳动。过程充满巨大挑战——要在一瞬间找到转动陶轮的小洞；要在陶轮停下来的那一刻前完成拉坯，释放双手的压力；拉坯的动作要充分且简洁，尽量少用力，以此来延长转动的时间。这一切都体现着滨田持之以恒的冒险精神，也为每一件作品赋予新的变化。没有别的陶轮更适合他了。

滨田庄司年表

1894　12 月 9 日生于东京。

1911　于三笠画廊看到令他非常欣赏的伯纳德·里奇和富本宪吉的作品。

1913　进入东京高等工业学校窑业科学习，师从板谷波山。

1914　于板谷家看到了益子山水画装饰茶壶并非常欣赏。

1915　拜访美浓、濑户、伊贺、京都、金泽（九谷）的陶窑。

1916　毕业后加入京都市立陶瓷器试验场。

1918　在 12 月的一场展览上结识伯纳德·里奇。

1919　在柳宗悦的老家我孙子市拜访里奇的陶窑，结识柳宗悦和志贺直哉。

1920　和里奇前往英格兰，在康沃尔郡圣艾夫斯建盖了一座登窑，并尝试日本乐烧工艺和炻器工艺。

1921　在迪奇灵拜访埃塞尔·梅雷和埃里克·吉尔。

1923　春天在伦敦帕特森艺廊举办首次个展，12 月举办第二次个展。离开伦敦，途经法国、意大利、克里特岛和埃及回国。

1924　3 月底抵达日本，在河井宽次郎位于京都的家中驻留了两个月。后迁居益子，12 月与木村和枝结婚。

1925　在冲绳（壶屋）做陶直至春天。12 月举办首次日本个展。之后每年在东京和大阪展出作品。

1929　加入艺术组织国画会。同柳宗悦一起游览欧洲，拜访里奇，并在伦敦帕特森艺廊举办展览。

1930　将一座邻村的农舍迁至益子作为家宅。

1934　里奇在日本驻留了九年多，和滨田、河井、富本一起做陶。

1936　日本民艺馆开幕，由大原孙三郎出资，柳宗悦、滨田庄司、河井宽次郎等人筹划。

1936—1937　同柳宗悦与河井宽次郎一起旅访朝鲜，收集新旧民艺品。

1939—1940　同日本民艺运动成员一起造访冲绳。

1941—1943　建立了八室阶级窑。

1949　获第一届栃木县文化功劳者表彰。

1952　同柳宗悦和里奇一起在英国达汀顿大厅参加会议。在美国举办三次讲座展示，包括洛杉矶邱纳德艺术学院。次年初返回日本。

1953　获艺术选奖文部大臣赏。

1955　获封第一回重要非物质文化遗产保持者，即"人间国宝"。

1962　在柳宗悦于1961年去世后继任日本民艺馆馆长。

1963　同晋作一同赴美在南加州大学开展了为期三周的工作坊，演示制作了益子工坊的制陶方法和作品。苏珊·彼得森在此校任陶艺教授。日本驻美总领事接见，并为滨田举办了展览，展览收入用于女儿比佐子在美国大学留学。

1966　同妻子和比佐子游览美国。

1967　受邀参加密歇根大学五十周年庆，获名誉学位，并举办展览。

1968　由日本天皇颁发荣誉勋章，其中包括向其致敬而设立的每年一日全国休假。

1969　受封益子名誉町民。朝日新闻社出版《滨田庄司陶器集》第二卷。

1970　为大阪万国博览会设立永久性日本民艺馆。开始筹划冲绳民艺馆。同里奇一起在都柏林获联合国教科文组织表彰。苏珊·彼得森前往益子，部分时间在德博拉·史密斯的陪同下，开始记录滨田的创作。

1972　出版《滨田庄司七十七碗谱》。

1973　获伦敦皇家艺术学院荣誉博士学位。

1974　在益子的院落中为自己的民艺与工艺收藏品设立纪念馆，由枥木县管
　　　理。讲谈社出版此书第一版。

1975　讲谈社出版里奇撰写的《滨田：一位陶人》。

1978　患病数年后于 1 月去世。

家庭成员与工人（1970）

益子宅院的家人

滨田庄司
滨田和枝　　妻子
晋作　　　　次子
辉子（音）　晋作的妻子
佑一和友绪　晋作与辉子的儿子
笃哉　　　　三子
比佐子　　　次女

工坊中的陶工

峰吉宫藏臼（音）　　"老爹"
篠崎马吉（音）　　　十五岁时来到工坊，至今已三十一年
丰田正夫　　　　　　在工坊中工作了二十八年
冈佐久良　　　　　　十一年弟子
高根泽美津子　　　　在工坊中工作了大约十年
明石庄作　　　　　　为滨田间断性工作了五年，1970 年秋天不在工坊
博根文雄（音）　　　男孩，有两年时间作为滨田的助手
来栖好文（音）　　　工坊帮工

神谷藤木（音）　　工坊帮工，上釉时会前来帮忙
大冢充江（音）　　工坊帮工，有需要时才来

家佣

入江光惠（音）
前原杏子（音）
明川幸子（音）
小口武（音）　　　园丁

守望思想　　逐光启航

光启
LUMINAIRE

重复的新鲜：滨田庄司山中做陶记

[美] 苏珊·彼得森 著

彭　程 译

策划编辑　苏　本

责任编辑　李佼佼

营销编辑　池　淼　赵宇迪

封面设计　鲁明静

出版：上海光启书局有限公司

地址：上海市闵行区号景路 159 弄 C 座 2 楼 201 室　201101

发行：上海人民出版社发行中心

印刷：北京盛通印刷股份有限公司

开本：720mm x 1000mm　1/16

印张：18　　字数：235,000

2023 年 2 月第 1 版　　2023 年 2 月第 1 次印刷

定价：118.00 元

ISBN：978-7-5452-1954-8/K.8

图书在版编目 (CIP) 数据

重复的新鲜：滨田庄司山中做陶记 /（美）苏珊·彼得森著；彭程译 .
—上海：光启书局 , 2022.4
书名原文：Shoji Hamada: A Potter's Way and Work
ISBN 978-7-5452-1954-8

Ⅰ . ①重… Ⅱ . ①苏… ②彭… Ⅲ . ①滨田庄司（1894-1978）—传记 Ⅳ . ① K833.135.72

中国版本图书馆 CIP 数据核字 (2022) 第 070458 号

本书如有印装错误，请致电本社更换 021-53202430

Shoji Hamada